COLEÇÃO SIMPÓSIOS IJUSP
VOLUME II

DIVERSIDADE: O OUTRO EM MIM

ORGANIZADORES:
DENIS CANAL MENDES
PATRÍCIA EUGÊNIO

SATTVA EDITORA

IAAP International Association for Analytical Psychology

ASSOCIAÇÃO JUNGUIANA DO BRASIL

IJUSP Instituto Junguiano de São Paulo

2019

"A Alma é essa coisa
que nos pergunta se a alma existe"

Mário Quintana

SUMÁRIO

Prefácio
Denis Canal Mendes | Patrícia Eugênio 9

Capítulo 1
Diversidade indiana e diversidade hinduista: um olhar junguiano
Candido Pinto Vallada 13

Capítulo 2
Os rituais de fogo na análise: catalisando o encontro com o "amigo interno da alma", a numinosa força que nos habita
Priscilla Tessicini 25

Capítulo 3
Entre terras nossas e estrangeiras: ensaio para um convívio heterológico
Paola Vieitas Vergueiro 43

Capítulo 4
Os diversos outros em mim: Arthur Bispo do Rosário na ótica junguiana
Denis Canal Mendes 53

Capítulo 5
Suicídios entre adolescentes e jovens: Reflexões junguianas sobre a morte do narrador na cultura contemporânea
Santina Rodrigues de Oliveira 65

Capítulo 6

O eu, o Outro e a experiência da alteridade

Paula Perrone 91

Capítulo 7

O eu e os outros eus:
O céu estrelado de Carl Jung e Fernando Pessoa

Irene Gaeta 119

Capítulo 8

Nikkei, um brasileiro alienígena

Elizabeth Yuko Haga 139

Capítulo 9

Quem De Dois Tira Um Encontra Uma Multidão
Os outros que nascem em uma mulher
com a chegada de um filho

Carmen Lívia Parise 151

Capítulo 10

Alteridade e autonomia: seríamos todos reféns?

Luciana Ximenez 167

Capítulo 11

Expatriados pelo mundo:
Outros além das fronteiras

Marilene Rodrigues Fernandes 181

Capítulo 12

Quando o "outro dentro" encontra o "outro fora"

Silvana Parisi 201

Capítulo 13

Casamento: a falácia das almas gêmeas

Patrícia Eugênio 213

Sobre os Autores 227

PREFÁCIO

Caríssimos,

Que alegria é para nós fazer a abertura deste livro.

Livro que é fruto dos trabalhos apresentados no X Simpósio de Psicologia Junguiana, onde o tema foi Diversidade: O outro em mim.

Vamos situar e conhecer as motivações que inspiraram a escolha deste tema.

Estávamos em 2018, ano eleitoral, um cenário brasileiro regido por intolerâncias, radicalismos, proselitismos, abusos e verdades absolutas. Foi do escuro mais escuro que nosso tema surgiu. De um cenário sombrio e cheio de projeções. Mas Jung estava certo, quando da máxima alquímica afirmou que dos escombros nasce o novo. A máxima diz: quando vires o negro, alegra-te; é o começo de sua obra.

Diversidade: o outro em mim nasce então, a partir desta escuridão com o desejo de trazer à luz as muitas possibilidades de convivência e tolerância, de respeito ao outro.

Assim, é com grande honra que inauguramos o 2º Volume da Coleção Simpósios IJUSP; este número traz a possibilidade de nos aventurarmos em temas da contemporaneidade.

Os autores propõem experiências, pesquisas, inquietações, indicando o importante papel que a psicologia exerce na atualidade. Os temas apresentados, problematizam, aprofundam e tornam-se de grande relevância para as discussões, compartilhamento de ideias, reflexões sobre a natureza da alma humana em seu campo mais profundo, numa diversidade de olhares e perspectivas a partir da psicologia junguiana.

Outro aspecto importante e resgatarmos algo sobre a tradição do compartilhamento dos saberes. Desde os primeiros encontros no Clube Psicológico (1916), em Zurique e futuramente no Círculo de Eranos (1933-1988), em Ascona, grande número de pensadores, analistas, estudiosos das mais diversas áreas e campos do conhecimento, contribuíram para a reflexão sobre as inquietações do mundo moderno propondo uma interlocução com a psicologia analítica.

Cabe ressaltar, que a palavra "Eranos", sugerida por Otto, na fundação desses "encontros", significa do grego: "comida em comum; o compartilhar dos alimentos; troca de alimentos sem a presença do anfitrião".

Apesar do positivismo presente na época, os "Encontros de Eranos", como ficaram conhecidos, apresentavam temas diversos: a psicologia em interlocução com a filosofia, mitologias comparadas, cultura oriental e ocidental, física, tomando como pressuposto a infinidade de preocupações relevantes à época: uma perspectivas de vanguarda, tanto no campo interdisciplinar como transdisciplinar, abrindo assim um espaço para estudiosos e intelectuais de nomes importantes do momento.

É nesse compartilhar de saberes diversos que a teoria junguiana se apoia, na tradição do "Círculo de Eranos", em busca de novos olhares.

É no campo das ideias, na apresentação de conceitos, na participação de analistas e intelectuais, que gostaríamos de manter a roda da história girando, uma linha contínua dentro do próprio universo junguiano. Ressaltamos a importância deste contexto como inspiração a novos estudiosos que serão influenciados pela busca de conhecimento.

Entendemos desta forma, a diversidade que nasce com a necessidade do encontro com o outro como sangue novo correndo nas veias, nas próprias veias. O outro e eu diferentes, num fluxo para pulsar a vida.

Desejamos a todos uma boa leitura, e que o encontro dos muitos outros em você, desperte.

Forte abraço,

Denis e Patrícia.

Capítulo 1

DIVERSIDADE INDIANA E DIVERSIDADE HINDUISTA: UM OLHAR JUNGUIANO

Candido Pinto Vallada

Seria pretensão admitir a possibilidade de se aprofundar no assunto da diversidade ao se enfocar um cenário como o do subcontinente indiano. Com este trabalho tenho a expectativa de oferecer apenas uma introdução a tema tão instigante para, num segundo momento, dar sequência a novas emanações.

Talvez o que chame a atenção de qualquer um que visite a Índia pela primeira vez, baseando-me em minha própria experiência, é certamente a multiplicidade das sensações sendo evocadas continuamente. Todas elas, todos os cinco sentidos: as cores, as formas, as luzes, os aromas, os perfumes, as sensações táteis, os sons, as músicas, os ruídos, os sabores e paladares. É uma grande celebração para os nossos sentidos e emoções habitualmente tão acomodados.

A multidão de pessoas é algo que impressiona. Seja nas calçadas, nos ônibus, motos, riquixás ou tuque-tuques. Seja nos aeroportos ou nas estações de trem. Tudo entremeado por um grande caos, onde animais têm também sua cota de participação, como as vacas sagradas se deslocando calmamente por entre os carros, ou os camelos e mesmo um ou outro elefante levando seus condutores. Buzinadas de todos os tipos fazem parte do contexto das grandes cidades indianas. No final, todos se entendem. Durante minha estada por lá durante três semanas, não presenciei um único acidente de trânsito: fosse entre veículos, fosse por atropelamento de pessoas ou animais. Difícil não se levar em conta frente a tanto caos urbano. Raro também assistir-se a discussões nas ruas. Motoristas irados um com o outro? Não percebi nenhuma grande indisposição, embora as "contravenções" fossem incontáveis. Diz-se que para se dirigir na Índia é necessário que se tenha: uma boa buzina, freios em ordem e muita sorte. Para o pedestre que queira atravessar uma via pública, um conselho se faz necessário: que se olhe para um lado da via, se olhe para o outro e em seguida atravesse sem titubear. Com passos firmes e decididos. Claro que com muito sangue frio. O motorista que estiver vindo na sua direção vai saber o que fazer.

Com tudo isso a Índia é um país de dimensões pode-se dizer quase continentais, embora não seja tão imenso assim. O território brasileiro é duas vezes e meia maior. No entanto a população indiana é seis vezes maior do que a brasileira. Atualmente estão com mais de 1 bilhão e 300 milhões de habitantes e devem ultrapassar a China até 2022. Quando Jung por lá esteve em 1937/38 eram 360 milhões. A Índia cresceu quase 4 vezes em 80 anos. Resumindo, na Índia há 15 vezes mais pessoas por km2 do que no Brasil. Nesse cenário vamos encontrar um leque de etnias, línguas, costumes, religiões e nacionalidades sem comparação em qualquer outro lugar do mundo. Para termos uma ideia do que seja a variedade linguística com que um indiano tem que se haver de alguma forma, ela totaliza em torno de 400 línguas e dialetos no país. Reconhecidos oficialmente são 23, entre eles o hindi e o inglês. Um mesmo noticiário pode ser transmitido em mais de 2 dezenas de diferentes línguas.

Nas relações com outros países, as especiarias e bens de consumo que as caravanas indianas levavam para os mais diferentes rincões ficaram famosos ao longo da história pela sua variedade e peculiaridades e tornaram a Índia muito conhecida: as pimentas, o sândalo, a cúrcuma, o cravo, o gengibre, o almíscar, o açafrão, o açúcar, os incensos, a joalheria, as roupas, os tecidos, os tapetes, os objetos de decoração, o artesanato. O litoral sempre foi um ponto de contato com o estrangeiro. Cabral quando aqui esteve em 1500, oficializou a posse do Brasil e logo seguiu para a Índia, onde os interesses portugueses eram reais, dada a necessidade de colonizar o país para estabelecerem rotas seguras de comércio, não sem dificuldades e muito risco: Pero Vaz de Caminha, morreu nessa mesma viagem, vítima de um ataque aos portugueses em terras indianas.

Hoje em dia degustamos mangas, cocos, jacas, bananas, carambolas e porque não as laranjas também cujo nome vem do sânscrito naranja, embora uns afirmem que ela se originou da China. A Índia forneceu ainda a cana de açúcar para o mundo produzir o álcool e o açúcar, do qual ela é atualmente o maior produtor mundial.

O cinema indiano nos mostra que a introversão, a compaixão e a espiritualidade e a atitude de não violência, não faz com que o povo indiano seja menos alegre e com gestos corporais mais contidos. A música, as danças nas suas mais variadas manifestações demonstram que os indianos, quando sentem vontade, conseguem expressar em muitos matizes essa expansividade extrovertida e espontânea que contagia os circunstantes.

A Índia tem nove prêmios Nobel, sendo três deles da Paz. No entanto ela é um dos 8 países declaradamente possuidores de armas nucleares e mísseis balísticos intercontinentais que podem alcançar qualquer ponto do território chinês, seu vizinho mais temido. A diversidade não nos permite deduzir que o povo indiano, por ser ligado à espiritualidade, seja pacífico a ponto de não conseguir se proteger ele mesmo das ameaças à sua integridade. De uma forma ou de outra ele a manteve ao longo da história. Fossem os invasores hunos, mongóis, gregos, muçulmanos, portugueses ou ingleses.

Os invasores, que se transformaram em partícipes da cultura indiana, foram de uma riqueza exuberante através dessas etnias que se amalgamaram ao povo indiano redundando numa tal variedade de vivências que refletiu nas táticas de guerra e nos jogos - como a invenção do xadrez; nas artes, - como na pintura e escultura exuberantes e originais;

nas ciências: - como a descoberta da fibra ótica. Também na astronomia- com os observatórios astronômicos de grandes proporções, altamente precisos; na metalurgia- com o ferro de alta qualidade que já era produzido na Índia 2.000 anos antes do que na Europa; na matemática: - como o zero, invenção indiana, os algarismos indo-arábicos porque foram disseminados pelos árabes, mas criados pelos indianos, o código binário e a fórmula de Bhaskara das equações de 2º grau. Os ingleses que responderam pela transição da Índia para a independência, deixaram legados também dos mais importantes: a língua, a rede de estradas de ferro por todo o país e o sistema de comunicações como o telégrafo.

Assaltos a mão armada são raros no país. Talvez por causa do desapego a bens materiais e o sentimento de espiritualidade, juntamente com o senso comunitário de reagirem efetivamente em ocasiões como essas e fazerem justiça com as próprias mãos, façam com que a sensação de segurança seja real.

Como se sabe a Índia foi dominada por muitos povos durante quase toda a sua história, se não em grande parte do seu território, pelo menos em alguma porção. Desde a civilização Harapa e Moenjo-daro (circa 2600 AEC) na bacia do rio Indo ela sofreu o ataque dos arianos (2000-1500 AEC), dos persas (Ciro e Dario, o grande: circa 500 AEC), dos gregos comandados por Alexandre Magno (327 AEC).

Reinos da própria Índia também dominaram outros reinos do país: Mágada (543-491 AEC) e Maurya (321-185 AEC) que foi o maior império indiano da história com grandes reis (Chandragupta Maurya, Bindusara e Ashoka, o grande).

A idade de ouro durante o império Gupta, que dominou todo o norte e grande parte do leste, do ano 240 a 550 EC, também foi marcada por muitas invenções e descobertas nas ciências e tecnologia de um modo geral, na engenharia, artes, dialética, literatura, lógica, matemática, astronomia, religiões e filosofia, consolidando o que conhecemos hoje como cultura hindu. Os pontos de destaque dessa época de florescimento foram a arquitetura, a escultura e a pintura. Nesse período, outros 21 reinos foram conquistados.

Finalmente o império acabou declinando por conta da pressão dos vizinhos e acabou sendo invadido pelos hunos brancos através do noroeste indiano no final do século V.

Os invasores islâmicos se mostraram mais resistentes à assimilação ao cenário amalgamado indiano. Não converteram a Índia como faziam com todos os países que invadiam, mas a cultura islâmica, apesar de não conseguir se impor, sempre permaneceu viva, até os dias de hoje, embora não tão purista como nos seus países de origem. Estas invasões islâmicas se iniciaram no século VIII via nordeste.

O império Chola dominou o Sul, incluindo as ilhas Maldivas e parte do Ceilão até o Norte com o rio Ganges e a leste com o arquipélago malaio entre os séculos IX e XII de forma extremamente pujante, tanto do ponto de vista militar, econômico, cultural e com grandes obras arquitetônicas.

No século XI e XII houve outras duas novas invasões. Esta última criou o sultanato de Delhi, de 1206 a 1526, abrangendo quase todo o território indiano, exceto o extremo sul. Em 1526, foi a vez dos mongóis criarem o império mogol que durando até 1857, com a revolta dos cipangos contra a dominação inglesa da Cia. das Índias Orientais, interesses britânicos, assumindo então diretamente essa função o governo britânico Nesse interim existiram o império Marata (1674-1818) e a confederação Sikh (1716-1799). É importante ressaltar também a atuação colonial portuguesa, principalmente em Goa e Mumbai; a da França em Pondicherry e a da também atuante Holanda.

Esse pequeno resumo foi imprescindível para trazer uma impressão mais viva do cenário de onde provém a diversidade indiana, que é sem dúvida, única no mundo. Feito isso, podemos adentrar o terreno da espiritualidade, argamassa que garante todas essas realizações.

Quanto às religiões, a Índia é uma referência ímpar. Sua principal religião, a religião viva mais antiga no mundo, o hinduísmo, convive ao lado de outras crenças e doutrinas originárias da própria Índia como o budismo, o jainismo, o sikhismo, e também com outras como o islamismo, zoroastrismo, cristianismo e judaísmo.

O militarismo dos reis indianos contrasta com atitudes diferentes do usual, que pelo menos dois deles tomaram com relação às suas atuações como conquistadores. Chandragupta Maurya, após suas conquistas, decidiu renunciar ao reino e aderir ao jainismo e seguir o ritual Sallekhana de boas vindas à morte através do jejum. Ashoka Maurya, neto de Chandragupta Maurya, convertido ao budismo após o massacre que ele perpetrou na guerra de Calinga, dedicou-se a divulgar o budismo no restante da Ásia.

O hinduísmo atual apresenta uma grande diversidade de rituais, seitas e deuses (há quem diga existirem mais de 330 mil deles ou 330 milhões segundo outros). Ele sofreu influências de várias das denominações religiosas do país que enriqueceram a sua própria tradição espiritualista, num verdadeiro sincretismo religioso. É a terceira religião com mais adeptos em todo o mundo, depois do cristianismo e do islamismo, com mais de um bilhão de seguidores.

Ao contrário da maioria das religiões o hinduísmo não possui um fundador nem um livro que regulamente sua atuação. Isso se tornou uma vantagem, pois fez dele uma religião mais dinâmica, que assimilava muitas vezes mais do que se opunha a outras crenças. Os hinduístas admitem a reencarnação, o que seria fundamental para justificar o aspecto pedagógico que a multiplicidade das experiências oferece ao espírito insciente que busca a compreensão de si no mundo. A posição de cada pessoa na vida é temporária no ciclo das várias encarnações. Brahma é o poder cósmico, o criador da alma suprema do universo. Existe por si mesmo. Tudo provém dele e a ele retorna. Cada ser humano carrega uma parte desta alma cósmica, ou atman. A meta de todo hindu é unir sua própria alma com a alma cósmica, o paramatman. Para isso o hinduísta se põe a percorrer seu caminho. Certo ou errado, não há cartilha que o diga, é seu próprio caminho que somente ele percorre. Faz sentido que os incontáveis deuses estejam a serviço de auxiliar cada indivíduo nas várias oportunidades que a vida lhe apresenta com o intuito de se aprimorar. Ao final, todos os deuses fariam parte de uma totalidade, um único deus.

Deste modo, nos é permitido considerar o hinduísmo como uma religião inserida na diversidade, onde todos os caminhos levam à tão desejada meta: a autorrealização ou o encontro com o si-mesmo. Essa pluralidade de opções que o hinduísmo oferece, advém da própria cultura indiana, que foi se amalgamando nos muitos séculos de experiências psicológicas por que passou, possibilitando que o inconsciente coletivo, com seus arquétipos, incorporasse essas experiências no sentido de, dinamicamente, estes também se transformassem, através da multiplicidade das experiências psíquicas. Através dos milhares de anos elas se acumularam, formando um substrato todo especial, possibilitando que o ser indiano, apesar dos inúmeros conflitos, internos e externos, fosse bem sucedido no tocante a manter mais ou menos a sua unidade e identidade. Revelou-se assim uma cultura das mais pujantes da humanidade, embasada no referencial da espiritualidade, o que não impediu os indianos de usarem recursos necessários para se protegerem das ameaças dissolutivas.

Diversidade é definida como a qualidade daquilo que é diverso, diferente, variado e nesse caso é sinônimo de variedade. Com isso exatamente, por si só, as novas experiências sendo variadas, resulta que essa integração de conteúdos provindos do inconsciente aumenta, crescendo o conhecimento e ampliando a consciência.

Um dos motivos por que a psicologia elaborada por Carl Gustav Jung foi também chamada, dentre outros nomes, de psicologia complexa, foi por considerar no seu fulcro de estudo toda e qualquer área do conhecimento como importante para a compreensão do funcionamento da psique humana. Nesse sentido, a diversidade indiana e por consequência a diversidade hinduísta, como seu principal pilar espiritual, são um exemplo que confirma o aspecto complexo da aventura humana tão bem representada. Essa diversidade não necessariamente confunde ou desvirtua o indivíduo de sua meta, mas, ao contrário, provoca, estimula e desperta novos conteúdos inconscientes que, ao se tornarem disponíveis à consciência, passam a atuar de maneira a trazer mais enriquecimento e fortalecimento psíquico, equipando o ser humano para novas jornadas.

Referências bibliográficas

CHOPRA, T. (2008). *La vaca sagrada y otras historias de la India*. New Delhi: Prakash, 2017.

JUNG, C. G. (1936). A Ioga e o ocidente. In: *Psicologia e Religião Oriental*. OC XI/5. Petrópolis: Vozes, 1982.

__________ (1939a). Comentário psicológico sobre o Livro Tibetano da Grande Libertação. In: *Psicologia e Religião Oriental*. OC XI/5. Petrópolis: Vozes, 1982.

_________ (1939b). A Índia – um mundo de sonhos. In: *Civilização em transição*. OC X/3. Petrópolis: Vozes, 2000.

_________ (1939c). O que a Índia pode nos ensinar. In: *Civilização em transição*. OC X/3. Petrópolis: Vozes, 2000.

_________ (1943). Considerações em torno da psicologia da meditação oriental. In: *Psicologia e Religião Oriental*. OC XI/5. Petrópolis: Vozes, 1982.

_________ (1944). O santo hindu. In: *Psicologia e Religião Oriental*. OC XI/5. Petrópolis: Vozes, 1982.

Capítulo 2

OS RITUAIS DE FOGO NA ANÁLISE: CATALISANDO O ENCONTRO COM O "AMIGO INTERNO DA ALMA", A NUMINOSA FORÇA QUE NOS HABITA

Priscilla Tessicini

Aquele outro que também somos nós,
mas que nunca chegaremos a alcançar plenamente.
Jung

Este trabalho surgiu da necessidade de compreender um fenômeno, observado na minha prática clínica, que despontou como caminho criativo e construtivo no processo psicoterapêutico de vários jovens (crianças e adolescentes). Refiro-me à utilização espontânea do fogo, dentro da caixa de areia, pelos pacientes, o que nos conduziu, analista e analisando, a experiências inesperadas e, emocionalmente, muito mobilizadoras, que chamei de "rituais de fogo". Esta denominação refere-se, especificamente, às imagens construídas na areia diante das quais me senti participando de um ritual ou cerimônia. Nelas, o fogo surgiu como elemento catártico e transformador dos conteúdos psíquicos do paciente, assim como do vínculo terapêutico.

O fogo é um elemento frequente nos cenários de alguns pacientes e a marca que deixa, por meio de sua beleza e força transformadora, é sempre profunda e regeneradora para ambos, analista e analisando.

Diante do poder magnético do fogo ninguém sai incólume; todos são afetados.

Das chamas às cinzas, na terapia de sandplay o renascimento se tornou possível.

Acredito que a utilização do fogo tenha ganhado lugar de destaque por ter atendido às necessidades anímicas desses jovens. O fogo despontou e falou à alma dos pacientes e/ou o fogo foi a voz de suas almas.

Por isso, teve importante papel como elemento catalizador de suas vivências internas. Observei que os rituais de fogo nas sessões re-ligaram os pacientes às próprias fontes curativas e auto reguladoras da psique, possibilitando-lhes receber as "bênçãos" do numinoso, o Self.

Através dos rituais, "o amigo da alma" pôde ser acessado. O outro em nós, alegoria paradoxal do ilustre habitante que é, a um só tempo, "desconhecido" e melhor amigo, ganhou expressão nos rituais e impulsionou o processo de transformação. Como se acendendo a chama na caixa de areia algo se acendesse, ao mesmo tempo, dentro do paciente.

A observação conjunta e silenciosa da luz e a sensação do calor gerado no sandplay conduziram os pacientes a lugares ainda inexplorados dentro deles próprios e ao desenvolvimento de recursos internos inesperados.

Podemos dizer, parafraseando o texto bíblico que, através dos rituais de fogo, "Fez-se a Luz!" no setting psicoterapêutico; literal e simbolicamente.

E com ela, deu-se a transformação do caos em Cosmos.

Das profundezas do inconsciente, portanto, um caminho de fogo despontou e conduziu a alma dos pacientes a uma saída criativa .

Acredito que os rituais de fogo atenderam às necessidades físicas, psíquicas e espirituais dos participantes, tal como acontece nas incursões humanas nos cultos do universo religioso.

As imagens na areia refletiram, também, o que jazia no íntimo dos pacientes, denunciando os sentimentos confusos e intensos que ardiam dentro de seus corpos cansados e sem tônus afetivo. Haviam perdido o prazer e a confiança por não sentirem acolhimento e aceitação no mundo externo. Seus corpos estavam sendo consumidos, tal qual a chama do fogo derretendo o corpo da vela, pelo fogo destrutivo oriundo do caos emocional, pelo calor da frustração e da raiva, e pela dolorosa solidão na qual se encontravam. Sabemos que a consciência religiosa traz a possibilidade de desidentificação dos complexos porque nos remete à supra existência; saímos do micro e somos levados ao macrocosmo, para um generoso passeio do qual retornamos com ânimo e fé renovados.

A chama do fogo parece ter acendido a chama da fé que estava apagada no mundo subjetivo dos pacientes. A forma como estes jovens se desenvolveram, a partir dos mencionados rituais de fogo, chamou-me a atenção.

Assim como a vela não pode queimar sem o fogo, os homens não podem viver sem uma vida espiritual.
(Buda Gautama)

Fogo, o mais temido e desejado dos elementos

O fogo é um símbolo que possui extensa gama de significados ao redor do mundo, tais como: o próprio homem, emoções fortes, luz, calor, transformação, regeneração, destruição, energia, libido, intuição, coração, Eros, sexualidade, pensamento, paixões, Deus etc. Tudo que arde, queima, aquece, atrita, explode, ilumina, move, derrete e destrói sempre esteve associado a esse elemento.

O acender e apagar da chama tem relação simbólica com o princípio e o fim de todas as coisas, com o nascimento, a morte e a ressurreição.

O fogo representa a criação, a centelha divina encarnada no Homem, também percebida como Amor.

Segundo Bachelard (1972): "pela chama [do fogo] uma admiração natural, ouso mesmo dizer: uma admiração inata. A chama determina a acentuação do prazer de ver algo além do sempre visto. Ela nos força a olhar".

No imaginário coletivo de todas as culturas e religiões, os rituais o colocam ocupando lugar central, sendo sempre reverenciado como representante e símbolo da Divindade.

Sem fogo não há vida. Para o autor, as fogueiras representam a vida que é preciso manter acesa.

O fogo hipnotiza e conecta o homem ao passado, à origem, à ancestralidade e à sacralidade de sua história.

Sua descoberta representa um marco fundamental na história da humanidade e possibilitou a saída do homem primitivo do mundo das trevas em direção a uma consciência mais desperta. Fazendo um paralelo com o processo de análise, o ritual de fogo também alçou os pacientes, que estavam identificados com aspectos sombrios de suas personalidades, a uma nova condição, mais construtiva, estruturada e criativa.

Bachelard (1972): "Desde então, o fogo o seduz, agindo como uma entidade com a qual Comunica, em um nível íntimo e familiar, um elemento fundamental para o retorno deste homem à sua casa interior."

Na relação com o fogo sentimos espanto e fascínio, tal qual o temor reverencial característico da aproximação com Deus.

O ser humano projeta no fogo o poder da divindade, confere-lhe um caráter simbólico.

O Homem, ao "dominá-lo", sentiu incremento de seu poder e status frente à natureza e penetrou clandestinamente nos domínios da dimensão celestial. Representa, portanto, o elo de ligação entre as dimensões humana e a divina. Segundo Bachelard, sem a ajuda dos deuses que habitam a psique arquetípica, o ser humano ainda estaria na escuridão.

A importância do fogo é arquetípica e sua contemplação conduz a sentimentos de integração e unidade.

Nos rituais vivenciados na terapia de sandplay o paciente, inicialmente, à semelhança do mito de Prometeu, que roubou o fogo dos deuses e o entregou aos homens, recebe o fogo do terapeuta. Refiro-me não somente às velas, fósforos etc. mas também a seu Eros e a sua fé (confiança).

Com o tempo, a partir do "fogo emprestado" e no calor gerado, dentro da relação terapêutica, realizará a descoberta do próprio fogo.

O analista no fogo: ritual de iniciação

Nos rituais iniciáticos das sociedades secretas espirituais e religiosas das mais variadas culturas, o fogo é uma importante prova a ser superada para que o iniciado seja conduzido a uma condição mais elevada espiritualmente, recebendo a consagração e o reconhecimento da sociedade. A iniciação tem uma relevância pessoal e social pois confere novo status ao homem.

A prova de fogo foi a primeira etapa a que fui submetida, no trabalho com esses pacientes. O fogo esteve presente no campo transferencial desde o início. Precisei superar todos os testes impostos, tais como: silêncio inquebrantável nas sessões, objetos arremessados em minha direção, bagunça excessiva na sala, sujeira nas paredes, ataques à coleção de miniaturas etc., para obter algum êxito terapêutico.

Seja de forma velada, contida, ou em confronto aberto, o fogo da hostilidade dos pacientes foi direcionado a mim e a meus pertences. Estávamos vivendo a potência ígnea em sua polaridade negativa; o fogo da destruição. Este último, originário do desamor, da falta de confiança básica nas relações e, consequentemente, da falta de confiança em si próprio e na vida. É aquele cuja combustão desmedida impede a formação de vínculos. Fragilizados e feridos, não podiam mais suportar nenhuma decepção e haviam desenvolvido o mecanismo de defesa que conduz ao isolamento.

Acolher o fogo destrutivo dos pacientes tornou-se essencial ao êxito do processo.

Acredita-se, tanto na alquimia como na psicoterapia, que a medida do fogo do analista é a força motriz do processo terapêutico. Trata-se do próprio fogo interno, repertório por ele desenvolvido em seu trabalho consigo mesmo.

Eros é, neste contexto, o fogo do terapeuta, sua condição afetiva. A capacidade de acolher a sombra, os aspectos repulsivos da própria personalidade, poderão aproximar ou afastar o terapeuta do paciente.

Entendo que o fogo, nesse contexto, poder ser visto como amor ou um desejo intenso de amor que pode mover o homem em direção à vida e Deus (Self) ou em direção à morte, ao mal e à própria destruição.

No encontro entre os dois fogos, do paciente e do terapeuta, dá-se um grande desafio: a quantidade de calor gerada na relação precisa ser suportada por ambos.

Edinger (2006) afirma que para o pensamento místico há dois tipos de fogos: o terrestre e o divino. Os rituais de fogo ativaram ambos, unindo céu e terra, espírito e matéria.

Para a psicologia analítica, o Deus em nós pode ser vivenciado através da ativação de energias arquetípicas que transcendem o ego e a consciência e, por isso, são experenciadas como numinosas.

Através da realização dos cenários na areia, o fogo destruidor deu lugar ao fogo criador e as energias, outrora estagnadas, começaram a fluir em novas direções.

Os rituais, a meditação e o fogo: ativando poderosas força internas

Através dos rituais os seres humanos buscam a harmonia com o Todo, ingressando na dimensão arquetípica do Universo.

O ritual insere o homem na natureza conferindo significado às experiências da vida e indica que um processo de transformação está em movimento.

Segundo J. Campbell (1984): "Os rituais sacralizam momentos importantes da vida, tais como nascimento, batismo, adolescência, matrimônio, morte... Tais rituais podem ser de várias naturezas: de iniciação, purificação, comemoração, exaltação...".

Agregando, desse modo, sentimentos de crescimento, autodesenvolvimento, pertencimento, fortalecimento de laços sociais, afiliação espiritual; preenchendo necessidades humanas emocionais e espirituais.

Levi Strauss (1976) cita sua importância na ampliação da consciência e ativação da função transcendente, que no contexto deste trabalho pode ser entendida como a função que possibilita a união dos dois fogos supra mencionados, o terrestre (humano) com o etéreo (divino): "...podemos pensar o ritual como ferramenta que contém a manifestação dos significados, com a função de abrir a consciência dos indivíduos para a dimensão transcendente, a partir da qual brotam os valores permanentes que podem fornecer um sentido mais elevado para "o existir" de acordo com a tradição. No caso da tradição em pauta, os significados são compartilhados pela própria experiência ritual, onde as narrativas a seu respeito complementam a vivência das cerimoniais com as manifestações subjetivas."

No sandplay, o ritual marcou o início de uma nova fase e configurou-se como a saída construtiva ao estado sombrio da alma.

Para Bachelard, oferecer algo ao fogo é sacrificar para transformá-lo. Simbolicamente, quando consagramos algo ao fogo estamos potencializando seu próprio poder transformador, o objeto/sujeito nunca mais será como era antes, sacrificou sua antiga forma em prol da regeneração de seu ser.

Segundo a alquimia, o que for colocado sob as chamas será purificado e se tornará sutil.

Podemos oferecer ao fogo nossas dificuldades, pensamentos, emoções, apegos, ilusões, defesas, caos interno etc. A jornada humana rumo ao processo de amadurecimento se inicia a partir da nigredo, dos estados depressivos e confusos da alma.

Assim como na meditação, onde se visa o sutil através do silêncio, a observação do fogo pode conduzir. a estados meditativos. Unidos pelo ritual de fogo, observando atentamente as transformações que a chama promove somos levados, terapeuta e paciente, a um estado silencioso e meditativo que nos transporta a recônditos lugares interiores ora luminosos, ora sombrios, dentro de nós mesmos.

Na terapia de sandplay, a linguagem imagética suplanta a força da palavra conduzindo-nos diretamente ao coração.

A criança e o ritual de fogo: uma poderosa iniciação.

O símbolo salva o homem de sua situação individual porque possibilita a abertura para o geral e o universal.
(Eliade, 1991).

Para o autor, no sentido ritualístico, sob as chamas do fogo o sacrificado passa por um processo de transmutação tornando-se sagrado. Esta sacralidade, típica das cerimônias surge, muitas vezes, nas sessões da terapia de sandplay.

Para Bachelard, a manipulação do fogo pode atuar, dentro do universo infantil, como um poderoso ritual de iniciação.

Em nossa sociedade, normalmente, não é lhes permitida a aproximação até que tenham idade e autonomia para realizar tal feito.

A iniciação é como um novo nascimento, uma nova existência espiritual.

Segundo Eliade (1991), "envolve uma mudança radical de regime ontológico e estatuto social."

A criança percebe-se adentrando novos domínios; através do fogo "alcança" o mundo adulto e sente-se importante. Aprendizado que envolve a experiência sensorial e atua em vários níveis: físico, emocional, intelectual, social etc. conferindo um sentido de elevação. Todos os pacientes saíram fortalecidas da experiência; já não se sentiam mais "tão crianças" como antes, ganharam potência e incremento de status.

Segundo Bachelard (1999), "o respeito ao fogo é ensinado: se a criança aproxima sua mão do fogo, seu pai lhe dá um tapa nos dedos. [...] Seja esse fogo chama ou calor, lâmpada ou fogão, a vigilância dos pais é a mesma. Inicialmente, portanto, o fogo é objeto de uma interdição geral; donde a seguinte conclusão: a interdição social é nosso primeiro conhecimento geral sobre o fogo" .

O fogo na Alquimia e na análise

Para Jung (2012), a alquimia visa a purificação e o fortalecimento ou consolidação do espírito. Refere-se a um processo de transformação gradual e profundo, assim como a análise e a terapia de sandplay.

A rica imagética produzida pelos jovens remete-nos às imagens e à simbólica dos processos alquímicos.

Diante da exposição a materiais diversos, a criança trabalha intuitivamente sobre a matéria, engendrando a transformação de seu sofrimento.

Entendi os rituais de fogo como processos purificadores realizados sobre a matéria física que conduziram ao fortalecimento do espírito. Jung afirma que o tormento a que a matéria é submetida é o mesmo tormento a que o homem é submetido, moralmente, para atingir a própria purificação.

Na Alquimia, o fogo alquímico é elemento essencial, responsável pela execução, andamento e sucesso da Opus Alquímica. A operação alquímica denominada calcinatio é aquela na qual a matéria é submetida ao fogo para ser transformada.

Edinger afirma que a calcinatio promove o restabelecimento do equilíbrio psíquico, propiciando fluidez ao eixo ego-Self.

Rituais de fogo nos cenários de sandplay dos pacientes

Imagens que estão além da sombra e tocam o Self original.
(Kalf, 1980)

Os sujeitos desse trabalho encontravam-se identificados com os aspectos negativos de suas sombras; o fluxo energético do eixo Ego-Self encontrava-se bloqueado.

Quando o fogo destrutivo do paciente encontra a polaridade oposta, construtiva, no fogo de Eros do terapeuta, a identificação com a sombra pode começar a se dissolver.

Abaixo algumas imagens dos rituais de fogo realizadas e que ilustram caminhos únicos e individuais guiados pelo Self dos pacientes.

Ritual de sacrifício

Um mandala de pedra é construído para realizar a transformação do homem pelo fogo. Processo de calcinatio.

Imagem realizada por um menino de 9 anos que havia voltado sua raiva contra si próprio.

Arriscava a própria vida subindo em lugares altos sem se preocupar com nenhuma medida de segurança. Tinha intensas crises de raiva em casa que não conseguia controlar. Em seguida, era consumido pela culpa.

Os comportamentos destrutivos diminuíram consideravelmente após os rituais de fogo. O menino não se arriscava mais, segundo relato dos pais e da escola. As crises em casa tiveram sua frequência reduzida.

Ritual alquímico de transformação da sombra: o homúnculo no caldeirão.

A paciente de 14 anos, que não conseguia expressar seus verdadeiros sentimentos, tinha desenvolvido a persona da menina boazinha. Papel cultivado durante toda a infância e parte da adolescência e que a levou a reprimir ostensivamente a sombra. Ela decide construir uma estrutura com blocos de madeira para apoiar um caldeirão que irá conter uma figura humana e o líquido responsável pelo processo de cozimento. Em seguida, faz uma fogueira com velas para aquecer a água do caldeirão.

Espontaneamente realiza um ritual no qual um homúnculo, em estado de nigredo, sofrerá uma transformação.

Simbolicamente podemos pensar que, no caldeirão, a sombra começa a ser cozida para, posteriormente, tornar-se disponível e ser utilizada.

Rituais mandálicos para superação do luto

No processo de uma jovem de 15 anos, mandalas são elaborados intuitivamente para superação do sofrimento. Enquanto o fogo aumentava nas sessões, a força criativa começou a ser canalizada e utilizada.

A personalidade da jovem havia sido engolfada pelo falecimento precoce da irmã mais nova. Evitava confrontos em casa para não sobrecarregar emocionalmente os pais, que sofriam com a perda da filha mais nova.

Os mandalas ativados em sua psique lhe conferiram mais integridade e restituíram-lhe a força e a confiança necessária à superação da crise.

O processo de transformação psíquica pode ser observado através das transformações mandálicas.

Ritual de criação/ gênese: Das águas escuras, o renascimento.

Imagens de um menino de 10 anos que tinha dificuldade de aceitar a adoção, fato que lhe gerava muita raiva e um forte sentimento de abandono.

Durante meses travou inúmeras batalha com a analista na tentativa de provocar a rejeição que, inexoravelmente, esperava que fosse acontecer. Como havia sido abandonado ao nascer, sentia que a culpa deveria ser sua. Acreditava não ser merecedor de afeto e consideração. Por isso, agredia exaustivamente a analista na tentativa de encurtar o destino trágico que o aguardava (perspectiva da criança) e sair do estado de ansiedade que a espera lhe gerava.

Após dois anos de análise e criação de vários cenários, realiza um ritual de gênese.

Na Imagem, há integração luz e sombra.

Das águas escuras, primordiais e geradoras de vida, que ele próprio tinge, vemos o despertar da luz e o nascimento de um novo ser.

Há um barco que abriga uma figura humana. O novo indivíduo gerado do encontro entre a luz e a sombra. O paciente intuitivamente encena seu segundo nascimento. Deu-se a transformação do caos em Cosmos.

Nesta fase, na sessão devolutiva, os pais relatam que o filho estava bem, tendo conseguido sair do estado depressivo no qual se encontrava no início da análise.

As crises em casa haviam diminuído consideravelmente e estava mais afetivo com a mãe, que antes hostilizava frequentemente.

Acredito que as experiências ritualísticas mencionadas acima foram vivenciadas "de corpo e alma" pelos pacientes e revestidas de caráter numinoso. Mostraram-se tão ricas de sentimentos, sensações e percepções que geraram fluidez ao universo emocional propiciando a transformação da psique.

Referências Bibliográficas

AMMANN, R. A. *Terapia do Jogo de Areia: Imagens que Curam a Alma e Desenvolvem a Personalidade*. São Paulo: Paulus, 2002.

BACHELARD, G. A. *Psicanálise do fogo*. Lisboa Estúdios Cor, 1972.

BERNARDES, A.T.S. Monografia: *A poética na formação humana na perspectiva teórica de Gaston Bachelard*. Uniube.

BONARDEL, F.: *Filosofar pelo fogo*. São Paulo: Madras, 2012.

CHEVALIER, J. & GHEERBRANT: A. *Dicionário de Símbolos: Mitos, Sonhos, Costumes, Gestos, Formas, Figuras, Cores, Números*. Rio de Janeiro: José Olympio, 1994, 8ª ed.

EDINGER, E.F. *Anatomia da psique: O simbolismo alquímico na psicoterapia*. São Paulo: Cultrix, 2006.

ELIADE, M. *Imagens e símbolos*. São Paulo: Martins Fontes, 1991.

HILLMAN, J. *Psicologia Alquímica*. RJ, Petrópolis: Ed. Vozes, 2011.

HORSCHUTZ, W.R. Cadernos junguianos, n.7. *O vaso e o fogo alquímico formado pelo campo relacional terapêutico*. São Paulo: Ed. Artes Gráficas, 2011.

JUNG, C.G. *Os arquétipos e o inconsciente coletivo*, Vol. IX/I. RJ. Petrópolis: Ed. Vozes, 2012.

JUNG, C.G. *Estudos alquímicos*, Vol. XIII, Obras Completas. RJ, Petrópolis: Ed. Vozes, 2012.

JUNG C.G. *Psicologia e alquimia*, Vol. XIII, Obras Completas. RJ, Petrópolis: Ed. Vozes, 2012.

JUNG C.G. *Psicologia e religião*, Vol. XI/I, Obras Completas. RJ, Petrópolis: Ed. Vozes, 2012.

JUNG C.G. *Mysterium Coniunctionis*, Vol., Obras Completas. RJ, Petrópolis: Ed. Vozes, 2012.

JUNG, C.G. WILHELM, R. *O segredo da flor de ouro: um livro de vida chinês*. RJ: Ed. Vozes (11 edição),1971.

KALFF, D. M. *Sandplay: A Psyhotherapeutic Approach to The Psyque. Boston*: Sigo Press, 1980, 2ªed.

REALE, G./ ANTISERI,D. *História da Filosofia: antiguidade e Idade Média*. Vol.I São Paulo: Paulus, 1990.

ROBB, A. *Alquimia e misticismo*. Portugal: Taschen, 2014.

THE ARCHIVE FOR RESEARCH IN ARCHETYPAL SYMBOLISM. The book of symbols: reflections on archetypal images. Editor Martim, K.: Taschen

TURNER, Barbara A. The Teachings of Dora Kalff: Sandplay Hardcover use pre formatted date that complies with legal requirement from media matrix – August 1, 2013by Barbara A. Turner PhD

(Editor)

——— B. A. *The Handbook of Sandplay Therapy*. California: Temenos Press, 2005.

Capítulo 3

ENTRE TERRAS NOSSAS E ESTRANGEIRAS: ENSAIO PARA UM CONVÍVIO HETEROLÓGICO

Paola Vieitas Vergueiro

Na experiência vivida o *outro* é presença constante. O *outro* está em todo olhar, na vivência cotidiana do trabalho, do amor, do convívio social. É o *outro* que vejo em primeiro lugar.

O *outro* se apresenta de diferentes formas na vivência: o *outro* que agrada - o gesto amigo, o acolhimento, o carinho; o *outro* que assusta – que rouba, violenta, invade, desdenha; ou que surpreende – com uma flor, um gesto de amor, uma risada quando ninguém esperava mais nada!

A vida é uma sucessão de encontros e desencontros com o *outro* – embates, combates, debates, e disparates.

Fato é que o *outro,* presente na vivência humana, pressupõe a existência do *eu* como uma certeza, um ponto de partida obvio. Mas.... o *outro* e o *eu* não são tão distantes e óbvios como imaginamos. Por que? Há dois aspectos teóricos principais a serem considerados:

> 1) O *outro*, do ponto de vista psicológico, é constituinte da consciência do *eu*. O estado de inflação próprio aos primeiros estágios de desenvolvimento apresenta uma experiência de união com o mundo. O contato com o *outro* permite a constituição da noção do *eu*, que é conquistada a posteriori. Assim a dualidade, a dissociação e a repressão se estabelecem na psique simultaneamente ao nascimento da consciência. A psique humana, conquistada com o desenvolvimento da consciência, nos permite compreender que o *eu* é quem vê o *outro*. Mas para entendermos isto, são necessárias discriminações sucessivas da consciência. O conceito de *eu* é, portanto, primeiro uma vivência, e se torna uma compreensão *a posteriori*. E toda vez que separamos o *eu* do *outro* usamos a abstração – a discriminação psíquica. O *eu* que une o que penso, sinto, percebo e intuo - o que vivencio - é uma aquisição do desenvolvimento, portanto (EDINGER, 1995).

A humanidade também obedece a este princípio. A ontogênese repete a filogênese. Assim, o indivíduo repete o que acontece com a coletividade, e tanto o indivíduo como a humanidade percebem primeiro o *outro* e depois o *eu*. É assim que acontece no desenvolvimento humano (EDINGER, 1995).

Desta maneira, entre a experiência e a sua compreensão, existe um longo caminho. Para discriminarmos *eu* e *outro* precisamos nos afastar da experiência e refletir. Aqui chegamos a uma outra discriminação importante:

> 2) Se a reflexão promove o encontro com o *eu*, a noção de *eu e de consciência*, como Jung afirmou, é transpassada por uma série de distorções, à medida

que é a própria consciência do eu que pesquisa a si mesma (STEIN, 2006).

Estamos, como cidadãos adultos e civilizados, habituados ao uso do pensamento racional, e acostumados com esta separação radical entre *eu* e *outro*. O pensamento, senhor da sociedade contemporânea civilizada, opera através da abstração uma franca separação entre *eu* e *outro*. É necessário, contudo, sabermos que a dimensão da experiência é distinta da discriminação, condição do pensamento.

Depois que alcançamos a discriminação do *eu* e do *outro*, iniciamos uma jornada marcada pela capacidade de abstração. Partiremos agora, neste ensaio, para este tipo de viagem para estudarmos *o outro em mim*, portanto o *eu* e o *outro* do ponto de vista subjetivo. Vamos usar a abstração para alçarmos mais um degrau no mundo das ideias.

O que chamamos aqui de *outro* pode também representar interno e externo, masculino e feminino, conhecido e desconhecido, entre tantas outras polaridades. Estamos tratando o *outro* como conteúdos desconhecidos, a experiência de contato com o diferente, o acréscimo ao que o *eu* viveria de maneira solitária.

O conceito de inconsciente abordado por Jung em *A Natureza da Psique* (1986) traz uma visão dinâmica do psiquismo, na qual consciência e inconsciente trabalham em colaboração recíproca, havendo, no próprio inconsciente, formas de consciência. Não há um conteúdo consciente que não seja também inconsciente sob outro aspecto. Voltamos, assim, à proposição de que o *eu* e o *outro* (conhecido e desconhecido) mantém colaboração recíproca, quando tratamos do *outro em mim*. *Eu* e *outro*, do ponto de vista subjetivo, são para a Psicologia Analítica, profundamente ligados e interdependentes. Uma visão mais complexa deste fato seria que o *eu* não existe sem o *outro*, psicologicamente. Mas Jung (1986) se refere aqui (A) a um *outro* que o *eu* consegue identificar, nomear e integrar à consciência. Este outro é o conteúdo do inconsciente pessoal.

Ao tratarmos o *outro* vale considerar que (B), como elemento da psique objetiva, a qualidade psicoide do arquétipo não é compreensível. É e será sempre, completamente *outro*, impossível ser traduzida. Do ponto de vista epistemológico, este princípio afirma que deste *outro*, só tenho a representação. (JUNG, 1986)

Vale lembrar que Jung disse isto: há um "*outro*" em mim que só consigo reconhecer por aproximações – o inconsciente coletivo. Traduzo *seu* conteúdo a partir da minha experiência, mas as traduções pressupõem interpretações e distorcem a fonte original. Assim, há que buscar relacionar-se com o *outro* em sua "outridade", o que é uma tarefa não só difícil, mas paradoxal, à medida que demanda o reconhecimento do *outro* em sua natureza própria e exclusiva. A aproximação entre *eu* e *outro* deve respeitar, portanto, certos limites do *eu* – e ser paulatina, pois não posso adentrar ao extremamente *outro* sem ter desenvolvido um *eu* bem estruturado, que aceite as diferenças entre *eu* e *outro* (JUNG, 1986)

Desta maneira, para a Psicologia de Jung há um *outro* que pode passar a ser eu (inconsciente pessoal), e um *outro* que sempre será *outro* – diferente, heterodoxo (inconsciente coletivo). Reconhecer isto nos recoloca as diferenças marcantes entre *eu* e *outro* – e limites que não podem ser ultrapassados. Mais que isto, revela um aspecto da epistemologia junguiana, que afirma a origem do conhecimento a partir de uma dimensão inacessível à consciência - a dimensão transcendente (JUNG, 1986)

Esta visão à distância mostra que o *outro* em sua essência nos ensina, mas não nos pertence. O *outro* é uma hipótese de compreensão. Não temos, não sabemos, não podemos em relação ao *outro* de fato – só o pensamos, sentimos, intuímos ou percebemos. A reflexão produz um relacionamento com o desconhecido que nos permite aprender, mas não traduz essencialmente o *outro*. O *outro* da psique objetiva, do ponto de vista epistemológico, continua sendo sempre *outro*.

"Compreender" não é, portanto, unicamente um caminho de aceitar o *outro* em sua "outridade". Pode ser um caminho de tentar subjugar e tentar dominar. A compreensão pode ser uma tentativa de assimilação do estrangeiro. A intenção de traduzir – inevitável quando se relaciona com o *outro* estrangeiro, que fala outra língua – pode destruir o estrangeiro (WULF, 2003).

O estrangeiro – com suas diferenças - pode abalar a certeza dos próprios parâmetros – e relativizá-los pode trazer insegurança. Por isto o apego a estereótipos sobre o *outro*, pode ser um recurso para lidar com a instabilidade que ele provoca. O objetivo de se relacionar com o estranhamento provocado em nós pelo *outro* não deve ser nem sua assimilação, nem *seu* aniquilamento. Mas uma relação que acolha a incompreensão. Trata-se, portanto, de renunciar à compreensão, adaptação, empatia e assimilação que tenta abarcar o outro em sua natureza essencial, em prol da aceitação da diferença – que frequentemente abala a experiência do *eu* com o *outro* (WULF, 2003).

Vale um comentário a processos de condicionamento da consciência. Tanto no indivíduo quanto nas sociedades os estereótipos operam como forma de enquadrar o *outro* dentro do esperado, conhecido, habitual. Daí o significado da *mass media* para formação de consciência. A difusão global das imagens midiáticas constitui-se como uma forma de universalização dos hábitos, dos valores, das atitudes e conhecimentos. Esta dinâmica orientada para a universalidade das sociedades influencia nossos hábitos para se tornarem iguais, sem diferenças (WULF, 2003).

O universalismo se concentra na dessacralização do mundo e no desaparecimento do exótico – o que implica no risco de que no futuro o ser humano se encontre somente com os aspectos já conhecidos de si mesmo e, em consequência, dos outros. As premissas das relações interculturais residem na aceitação recíproca de diferenças. Somente o reconhecimento da particularidade do *outro* conduz ao caminho da cooperação, da simpatia e do encontro. E o encontro com o *outro*, é o pressuposto do desenvolvimento. (WULF, 2003).

A individualidade não comporta um único núcleo imutável; ela é um amontoado de contradições e paradoxos, resultado da dinâmica de confrontação com os diversos *outro*s (os de dentro, os de fora). Nenhum indivíduo é suficientemente "si próprio". Não pode se formar somente a partir dele mesmo. Todo indivíduo depende de uma comunidade da qual retira elementos dos quais se apropria e transmite a *outro*s à sua maneira (WULF, 2003).

Deste modo, a tensão promovida pelo encontro com o *outro* (dentro e fora de cada um de nós) é constituinte da personalidade individual e da coletividade, promovendo amadurecimento e enriquecimento. O esforço para conservar o estrangeiro no interior e no exterior de nós seria uma reação ao universalismo, que tende a nivelar as diferenças (WULF, 2003).

Há que comentar que, para toda regra, existe uma exceção. Embora, usualmente, o *outro* – o diferente – nos permita aprender, há *outros* que têm capacidade de nos destruir, seja por sua própria natureza, seja pela nossa própria fragilidade. Neste caso há que respeitar as distâncias necessárias entre o *eu* e o *outro* – seja o *outro* um conteúdo, uma realidade, uma experiência interna ou externa. A aproximação entre *eu* e *outro* deve respeitar, portanto, certos limites do *eu* – e ser paulatina, pois não podemos adentrar no extremamente *outro* sem ter desenvolvido um *eu* bem estruturado.

Assim, a relação entre familiar e estrangeiro, conhecido e desconhecido, certeza e incerteza é central no pensamento heterológico. Graças à individualização progressiva e à diferenciação dos domínios vitais, alargou-se o campo no qual o indivíduo deve tomar as decisões para viver de acordo com suas próprias ideias e aspirações. No momento atual, em que a globalização e a universalização são presentes, é inevitável um esforço para tomar decisões relativas ao familiar e ao estrangeiro (WULF, 2003)

A transformação da nossa compreensão da realidade traduz-se por uma visão criteriosa do estrangeiro e do *outro*. A tensão promovida entre *eu* e *outro* é que cria, na maior parte das vezes, diferenças, riquezas e relacionamentos saudáveis. Isto está na base da teoria junguiana. Se tomarmos o *eu* e o *outro* como representantes das polaridades psíquicas que se apresentam como o conhecido e o desconhecido, lembraremos que o desenvolvimento psíquico dela depende, sendo operado pela função transcendente, que produz símbolos visando à sua integração em níveis cada vez mais elaborados de consciência (JUNG, 1986).

Referências bibliográficas

EDINGER, E. *Ego e arquétipo*. Tradução Adail Ubirajara Sobral. São Paulo: Cultrix, 1995.

JUNG, C. G. *Considerações teóricas sobre a natureza do psíquico*. In: _____Obras Completas de Carl Gustav Jung. Volume VIII/2 _____A natureza da psique. Tradução de Pe

Dom Mateus Ramalho Rocha. 6ª Edição. Petrópolis: Vozes, 1986.

______________ A função transcendente. In: _____ *Obras Completas de Carl Gustav Jung. Volume VIII/2:* A natureza da psique. Tradução de Pe Dom Mateus Ramalho Rocha. 6ª Edição. Petrópolis: Vozes, 1986.

STEIN, M. *Jung - O Mapa da Alma.* São Paulo: Cultrix, 2006.

WULF, C. O outro – Perspectivas da educação intercultural. In: *Representação e Complexidade.* Tradução Marcus Demoro. Rio de Janeiro: Garamond, 2003.

Capítulo 4

OS DIVERSOS OUTROS EM MIM: ARTHUR BISPO DO ROSÁRIO NA ÓTICA JUNGUIANA

Denis Canal Mendes

Ora, ireis saber por que apareço hoje diante de vós
nestas vestimentas bizarras; contanto,
porém, que não vos canseis de me escutar.
Mas não imagineis que exijo aqui de vós aquela atenção
com que honrais ordinariamente vossos pregadores.

(Erasmo de Rotterdam, 2003).

Quem é Arthur Bispo do Rosário? Como tornou-se esse itinerante do mundo? Quais são as suas facetas? Nasceu duas vezes? Quem é esse homem que suscita perguntas que desafiam o seu próprio texto, vindo a nós através do caleidoscópio cinematográfico? Será *O Prisioneiro da Passagem*?[1]

Arthur Bispo do Rosário nasceu em Japaratuba SE (1909) e morreu no Rio de Janeiro (1989). Considerado artista da contemporaneidade, transformou-se no arquiteto inquietante das demandas inconscientes. Em 1925, mudou-se

1. Filme *O Prisioneiro da Passagem – Arthur Bispo do Rosário* (1982), produzido e dirigido pelo psicanalista e fotógrafo Hugo Denizart (1946).

para o Rio de Janeiro, onde trabalhou na Marinha Brasileira e na Companhia Light de eletricidade. Em 1938, conduzido por um imaginário exército de anjos, andou pelas ruas do Rio com um destino certo: deveria se apresentar na igreja da Candelária, no centro da cidade. Peregrinou pelas várias igrejas enfileiradas na rua Primeiro de Março e terminou no Mosteiro de São Bento, onde anunciou a uma confraria de padres que era um enviado e incumbido de "julgar os vivos e os mortos". Após esse delírio místico, sob uma voz ordenadora, o encaminharam para internação no Hospital dos Alienados da Praia Vermelha. Diagnosticado como esquizofrênico-paranoide, foi transferido e internado na Colônia Juliano Moreira, no bairro de Jacarepaguá, no RJ, de onde fugiu no mesmo ano.

Entre 1940 e 1960, realizou diferentes atividades profissionais, alternando momentos no hospício e períodos em que exerceu alguns ofícios em residências cariocas. Relatos dão nota que, em 1955, teria estado, por cerca de dois anos, em atividade mineradora na região Centro-Oeste.

No início dos anos 1960, Bispo empregou-se na clínica pediátrica AMIU, localizada em Botafogo. Lá, nos porões da clínica, Bispo dedicou-se intensamente à criação de seus objetos (Aquino, 2005). Foi lá, no quartinho do sótão, onde viveu, que produziu seus mais diversos trabalhos. Foi também ali que iniciou sua *Obra*, utilizando materiais rudimentares: diversas miniaturas, objetos velhos e abandonados, como sucatas (pedaços) de navios de guerra, automóveis e peças avulsas, como plástico, madeira e diversos bordados.

Em 1964, com a ditadura militar, regressou à Colônia Juliano Moreira, onde permaneceu até a sua morte, em 1989.

Registrado duas vezes, em 1909 (SE) e 1911 (MG), sua origem é duvidosa. Como olhar para esse homem, sem imaginar essa interlocução: arte e lou(cura)?

Estaria ele afortunado, em um mundo, onde seria responsável por realizar uma grande *Obra Divina*, nessa mesma sociedade que o excluiu? Sua produção artística tinha, como papel, reproduzir tudo o que existisse neste mundo. Esse era o seu maior legado: transformar todas as coisas existentes em *Obra,* tornando-as *Sua Obra*.

Aliás, "quantos outros existem em mim"? Pergunta que ecoa em Bispo. Ninguém alguma vez escreveu ou pintou, esculpiu, modelou, construiu ou inventou senão para sair do inferno (Antonin Artaud, 1982).

O passado de Bispo é praticamente desconhecido. Sabe-se apenas que era negro, marinheiro, pugilista, lavador de ônibus, guarda-costas: esses diversos outros. Na véspera do Natal de 1938 foi deflagrado por um delírio místico: Deus solicita a ele que reproduza tudo que existe aqui na terra, utilizando os diversos recursos existentes no mundo (Burrowes, 1999).

Pergunta-se: "existem tantos, mais tantos, tantos outros em mim"?

Com a hipótese diagnóstica (HD) F20.0, tentaram contê-lo e reduzi-lo a um único outro. Mas questionamos, confabulando juntos: "quantos outros existem em mim"?

Por mais de 40 anos residindo em Juliano Moreira, entre tantas entradas e saídas, sua casa, à margem do sistema da ditatura dos sentidos, é o *Lócus* de sua própria definição e lou(cura). Interessante que esse local reserva a maior parte de sua *Obra*, guardada até hoje. Os trabalhos de Bispo diversificam-se entre justaposições de objetos, composições de materiais deixados à margem e bordados. Partes, integrantes de um cenário, de uma história de muitas facetas de si mesmo.

Existem tantos outros em mim, devo apresentá-los?
Esses diversos outros em mim...
Carrego aquilo que jamais poderia carregar

(Bispo, 2000).

Nos primeiros trabalhos, utilizou geralmente utensílios do cotidiano da Colônia, como canecas de alumínio, botões, colheres de madeira, caixas de fruta, garrafas de plástico, calçados; e materiais comprados por ele ou por pessoas amigas: linha, cola, tudo que um andarilho ou um carroceiro poderia pegar na rua e levar consigo. Sim, o descarte é a *prima matéria* da *Obra*, como na alquimia e na vida, no sentido maior junguiano.

Para os bordados, utilizava os tecidos disponíveis, como lençóis ou roupas, e conseguia os fios desfiando o uniforme azul dos pacientes internados. Essa desconstrução e reconstrução das diversas coisas do mundo preparava seus trabalhos para uma espécie de "inventário do mundo" para o dia do juízo final.

"Miniaturas que permitem a minha transformação, isso tudo é material existente na terra dos homens. Minha missão é essa, conseguir isso que tenho, para no dia próximo eu representar a existência da terra. É o significado da minha vida" (Bispo, p.220, 2000).

Bispo apresentou todos esses outros ao Senhor Deus. Aliás, essa era a sua maior demanda inconsciente: "o inventário do mundo".

A psique multifacetada é compreendida e distinta de uma homogeneidade, percebendo uma composição de diversos aspectos e possibilidades
(Mendes, p.78, 2018).

Arthur Bispo perambulou numa delicada região entre a realidade e o delírio, luz e sombra, na vida, entre a lou(cura) e a arte. No refúgio de sua cela, inicialmente no Hospital Nacional dos Alienados, na Praia Vermelha, era paciente, ator, artista, senhor, artesão, ilustrador e tapeceiro, tendo produzido mais de mil obras consagradas no mercado internacional de arte contemporânea. Aliás, Bispo continha, no seu principal delírio, a ideia de ser o "inventariante do Universo". Para Jung, todo o complexo tem um componente arquetípico tornando-os energeticamente potenciais (...), via régia para o inconsciente pessoal e coletivo (Hopcke, 2011).

Foi em um momento negro da nossa história (ditadura) e nos mais obscuros períodos da psiquiatria – época dos eletrochoques, lobotomias e tratamentos violentos, aplicados para o controle de crises –, que ele criou um universo lúdico de bordados, *assemblages*, estandartes, objetos e histórias. "Há tantos outros em si ou em mim?"

E quem é o autêntico louco? É um homem que preferiu ficar louco, no sentido socialmente aceito, em vez de trair uma determinada ideia superior de honra humana. Pois o louco é o homem que a sociedade não quer ouvir e que é impedido de enunciar certas verdades intoleráveis, mas, no caso de Bispo, deu voz aos diversos outros em si e a Deus. Todo ato terapêutico é um ato político por natureza (Deleuze, 2010).

Sem se dar conta, Bispo não só driblou os mecanismos de poder (Foucault, 1986), do manicômio aos asilos psiquiátricos, como utilizou as sobras de materiais dispensados do hospital para criar suas obras, inventando um mundo paralelo, fazendo o que tem que ser feito para a realização maior de sua *Obra*.

Na idiossincrasia da vida, nos reconhecemos nele: louco, artista, poeta, ativista; Bispo, "o agente". Quem é esse homem então, um desbravador? Não! Foi andarilho, alfaiate, copeiro, soldado, marinheiro, revolucionário, profeta, messias, louco ou artista. "Existem tantos outros em mim!"

Psiquiátrico, negro, asilado, lixo ou luxo; expurgo da arte e dos becos, Madame Satã da Lapa e dos becos, brasileiro.

Mas quem é esse homem?

Será o porta-voz daquele que o repulsa? Ou a explosiva escrita que nos assola? Para Jung, a psique na perspectiva da teoria dos complexos e arquétipos é composta de aspectos múltiplos (Jung, 2011).

Aqui, há na loucura um artista, um poeta que grita, canta e sonha. Asilado, encarcerado, preso, solto, livre, expurgado, empurrado. "São todos esses em mim!" E retorna:

"*Quando eu subir, os céus se abrirão e vai começar a contagem do mundo. Vou nessa nave, com esse manto e essas miniaturas que representam a existência. Vou me apresentar*" (Bispo, p.244, 2000).

E, nesse sentido, feito para apresentar-se a Deus, dizia-se um escolhido do todo-poderoso, encarregado de reproduzir o mundo em miniaturas. Eram as suas representações e afirmava que todos esses têm um fim:

"*Os doentes mentais são como os beija-flores. Nunca pousam. Estão sempre a dois metros do chão*" (Bispo, p.226, 2000).

Paradoxalmente, suas *Obras* deveriam representar tudo o que havia na Terra. E ele como um vanguardista:

"*Os anjos vão arriando a formosa fina pluma espuma esponja por onde sai o verbo estrondo...*" (Bispo, p.230, 2000).

Ao lançar luz às diversas personificações de imagens, ideias, pensamentos, vozes, sons, tudo o que é produzido internamente se faz ativamente presente e necessário. Bispo, no reconhecimento de uma voz maior, se faz servo e protagonista, como se a gratidão da elucidação das diversas mil vozes e ideias interiores tomassem forma, vida, movimento e energia.

O temor é a intensidade, a alegria é a fluidez e a perspectiva dos diversos outros "personagens em mim" são o teatro da sua vida. Isso mostra esse processo contínuo, fluido e frutífero.

São homens, nomes, pessoas, mulheres, seres, entidades, vultos, sombras, vento, essa disparidade dos "muitos" e o que serão os "muitos":

> *Eu já fui transparente. Às vezes, quando deixo de trabalhar, fico transparente de novo. Mas normalmente sou cheio de cores. É que na minha transformação, quando for permitida assim a minha subida, vêm os mesmos sete anjos, com poderes e glórias (...) Eu vou fazer uma amarração para o braço, aqui, as tiras, e com os pés (...) E vêm os anjos e me leva (sic) em cima, a certa altura, e diz: Pai, arrasaram o mundo em fogo. As nuvens, os anjos, os santos, as quatro partes do mundo, as nuvens se tranformará (sic) em fogo, em floresta, e mar, e terra, nada mais* (Bispo, p.234, 2000).

Curiosamente, em vida, Bispo recusava o rótulo de artista, dado o caráter divino de sua tarefa. "Carrego muitos em mim." É nesse estandarte que Bispo registra a frase-síntese de sua vida e obra: "*Eu preciso destas palavras - Escrita*" (Bispo, 2000).

Enfim, a palavra tinha para ele status extraordinário, por isso seus bordados estão repletos de nomes de pessoas, regras, leis, trechos poéticos, mensagens divinas e caminhos, que legitimam a sua existência, o seu processo de individuação, dando voz aos seus mais diversos outros em si.

Referências Bibliográficas

AGUILE, Nelson (Org). *Mostra do redescobrimento: imagens do inconsciente*. *In*: (Bispo) *Arthur Bispo do Rosário*. São Paulo: Fundação Bienal de São Paulo/Associação Brasil 500 Anos de Artes Visuais, p. 204-245, 2000.

ANSPACH, Silvia. *Arte, Cura, Loucura: uma trajetória rumo a identidade individuada*. São Paulo: Annablume, 2000.

AQUINO, R. *Museu Bispo do Rosário*. Curitiba: Museu Oscar Niemeyer, 2005.

BURROWES, Patrícia. *O universo segundo Arthur Bispo do Rosário*. Rio de Janeiro: FGV, 1999.

COELHO, T. *A arte não revela a verdade da loucura, a loucura não detém a verdade da arte*. *In*: ANTUNES, E.H.; BARBOSA, L.H.S.; PEREIRA, L.M.F. (orgs). *Psiquiatria, loucura e arte: fragmentos da história brasileira*. São Paulo: EDUSP, p. 147-163, 2002.

DELEUZE, Gilles E GUATARRI, F. O Anti Édipo. São Paulo: Editora 34, 2010.

DELGADO, Jaques. *A loucura na sala de jantar*. Santos: Resenha, 1991.

FOCAULT, M. *A história da loucura*. São Paulo: Escuta, 1986.

FRAYZE-PEREIRA, J. *Olho d´água: arte e loucura em exposição*. São Paulo: Escuta, 1995.

JUNG, C. G. *Os Arquétipos e o Inconsciente coletivo*. OC vol. 9/1. Petrópolis-RJ: Vozes, 2011.

________. *O Espirito na Arte e na Ciência*. OC vol. 15. Petrópolis-RJ: Vozes, 2011.

HOPCKE, Robert H. *Guia para Obra Completa de C. G. Jung*. Petrópolis-RJ: Vozes, 2011.

MENDES, Denis C. *O Psicopompo e a Clínica Ampliada: uma jornada pelos campos da psicose, do acompanhamento terapêutico e da psicologia junguiana*. São Paulo: Dobradura, 2018.

ROTTERDAM, Erasmo de. *Elogio da Loucura*. Porto Alegre: L&PM, 2003.

SILVA, José Anthonio e Silva. *Arte e Loucura: Arthur Bispo do Rosário*. São Paulo: EDUC, 1998.

ARTHUR BISPO DO ROSÁRIO
Foto: Divulgação/ Festival Internacional de Artes de Tiradentes

Capítulo 5

SUICÍDIOS ENTRE ADOLESCENTES E JOVENS: REFLEXÕES JUNGUIANAS SOBRE A MORTE DO NARRADOR NA CULTURA CONTEMPORÂNEA

Santina Rodrigues de Oliveira

Apresentação

O presente texto foi apresentado na forma de comunicação oral no X Simpósio de Psicologia Junguiano do IJUSP, realizado em outubro/2018. Ele é fruto de minha pesquisa de doutorado, recém-iniciada no Instituto de Psicologia da USP. O interesse por este tema vem de uma longa convivência com situações vividas no atendimento a jovens pacientes em meu consultório nos últimos anos, assim como de discussões acadêmicas e/ou clínicas surgidas em salas de aula ou supervisões, junto aos alunos de graduação e de pós-graduação do Instituto de Psicologia onde leciono. A temática terapêutica prevalente em tais situações, clínicas e/ou de ensino, é a morte, que se apresenta tanto no relato de comportamentos autodestrutivos e tentativas de suicídio, como em ideias e fantasias de suicídio dos pacientes aos terapeutas que os atendem.

Discuti, em ocasião anterior (OLIVEIRA, 2012), a complexidade da questão da autonomia do indivíduo frente a decisões sobre a vida e a morte, seja de adolescentes ou de adultos, em nossa sociedade, por se tratar de um tema tabu (OLIVEIRA, 2012). O mesmo problema se estende aos profissionais de saúde. Na área da psicologia, por exemplo, diferentes autores (CASSORLA, 1991; FUKUMITSU, 2005; KOVACS, 1992; SANTOS, 2007) apontam que pouco se estuda esse fenômeno, uma vez que na maior parte dos cursos de graduação não se prioriza o tema nos programas das disciplinas, o que justifica a importância de pesquisas sobre o suicídio para subsidiar a inserção do assunto nos cursos de psicologia, a fim de melhor preparar os alunos que se tornarão psicólogos em diferentes contextos após a formação.

O objetivo geral do referido projeto, portanto, é investigar temas relacionados à ideação suicida e à tentativa de suicídio entre pacientes adolescentes e jovens que buscam psicoterapia junto a analistas referenciados principalmente nos parâmetros teórico-metodológicos do campo junguiano. Embora a base teórica eleita inicialmente para compreensão de tais fenômenos seja a psicologia analítica, considerei fundamental nesse estudo, desde o início, recorrer a outras tradições teóricas. *Como realizar um debate entre a psicologia junguiana e outras teorias mais diretamente ligadas ao campo da psicologia social e da sociologia, para compreender os modos atuais de subjetivação em torno da morte auto infligida?*

O objetivo principal de meu estudo é investigar e problematizar o modo como os psicoterapeutas lidam com o referido tema, pois nos estudos sobre o suicídio, é comum o relato de sentimentos de tristeza e de raiva naqueles que lidam com o suicida em potencial, uma vez que a angústia e a sensação de impotência são marcantes. Além disso, conforme discutido por Hillman (1993), a tentativa de suicídio pode constelar sentimentos ambivalentes no analista, e também fantasias ligadas a uma ameaça de abandono e/ou retaliação dos esforços terapêuticos empreendidos ao longo do processo terapêutico até aquele momento. Então, *como o terapeuta suporta possíveis sentimentos de culpa e/ou cobranças advindas dele mesmo, de seus pares, ou dos familiares diante das ameaças ou insinuações de suicídio do paciente? De que perspectiva é possível compreender e dialogar com o desejo de morte a partir da fala e/ou da atuação de um Outro no sujeito que ataca o próprio corpo e a vida? Por fim, de que maneira a psicologia analítica pode contribuir para a compreensão de certas experiências ligadas à ideação suicida entre pacientes adolescentes e jovens?*

Introdução

Observamos, cotidianamente, o aumento expressivo do número de suicídios no mundo todo, que, para além de dados estatísticos, refletem uma desafiadora realidade marcada pela significativa quantidade de pacientes atendidos nos serviços públicos de saúde e/ou consultórios médicos e de psicologia. A Organização Mundial de Saúde ressalta a gravidade da situação, elevando o suicídio a um problema de saúde pública que, pelo fato de ultrapassar fronteiras, requer atenção, informação e, principalmente, investimentos em mecanismos de prevenção. Os dados divulgados em 2017 pelo Ministério da Saúde informam que o índice de suicídios cresceu 65% entre crianças de 10 a 14 anos; 45% entre jovens de 15 a 19 anos, e 23% entre pessoas de 20 a 29 anos, no período de 2000 a 2015 no Brasil (Suicídio e Prevenção, Folha de São Paulo, 2017).

Para melhor compreensão desse fenômeno complexo e multifatorial, Moreira & Bastos (2015) discutem, num artigo sobre a prevalência e os fatores associados à ideação suicida na adolescência, três categorias distintas: ideação suicida, tentativa de suicídio e suicídio consumado. Diferentemente da tentativa de suicídio, segundo os autores, em que "o ato não alcança resultado letal após o individuo ter causado danos a si mesmo, deliberadamente", a ideação suicida "se refere aos pensamentos de autodestruição e ideias suicidas, englobando desejos, atitudes e planos que o individuo tem para dar fim à própria vida" (MOREIRA & BASTOS, 2015, p. 447).

O suicídio consumado, por sua vez, em sua definição mais clássica feita no século XIX, pelo sociólogo Émile Durkheim, refere-se a um ato consciente do sujeito contra a própria vida com vistas à morte:

> Com efeito, entre as diversas espécies de mortes existem aquelas que apresentam o seguinte traço particular: o fato de serem obra da própria vítima, de resultarem de um ato de au-

> toria do próprio paciente; por outro lado, ocorre que essa mesma característica está na mesma base da ideia que normalmente se tem de suicídio. (...) Assim, chegamos a uma primeira formulação: o suicídio é toda a morte que resulta mediata ou imediatamente de um ato positivo ou negativo, realizado pela própria vitima (DURKHEIM, 1897/2002, p.2/3)

Essa definição será revista e ampliada por pesquisadores orientados por teorias psicodinâmicas, notadamente a psicanalítica e a psicologia analítica, uma vez que tais teorias compreendem o suicídio como um ato final de um processo que envolve também aspectos inconscientes, identificados em comportamentos ou pulsões autodestrutivas que, embora não estejam conscientes para o sujeito, interferem em seu gesto mortal, por vezes de modo impulsivo, nos termos de uma "passagem ao ato", como discute Brunhari (2015).

De todo modo, o suicídio, como historicamente se discute, é um fenômeno multifacetado que comporta, além dos aspectos psicológicos, outros elementos de ordem cultural, social, biológica, geracional etc. Na psicologia clínica, em geral, há uma tendência a focar somente os aspectos intrassubjetivos do fenômeno, não considerando outros fatores que comprovadamente estão presentes no suicídio. Na literatura junguiana, os raros textos abordam o tema numa perspectiva simbólica, mas pouco dizem sobre como abordar esse fenômeno em um contexto clínico histórica e socialmente enraizados. Mas, *se a matriz arquetípica da psique* *é definida por C.G. Jung (1946/1984) como um conjunto de "prontidões" que necessitam ser ativadas e atualizadas pelas experiências concretas dos indivíduos, então, como entender os fenômenos psicológicos sem considerar os contextos históricos e sociais que os evocam e os sustentam na experiência individual e coletiva?*_

Suicídio e Alma

Avançando nessa discussão sobre o suicídio no campo junguiano, James Hillman é a referência mais especifica ligada ao tema, com o livro "Suicídio e alma" (HILLMAN, 1993). *A questão central proposta pelo autor é a seguinte: "O que quer (o ser) ao imaginar esta possibilidade de matar e/ou morrer?". E, ainda, "O que busca a alma, inconscientemente, ao apresentar à mente e ao mundo esta ideia inominável e a vontade e determinação para executá-la?"* Nas palavras de Hillman, o suicídio coloca o analista diante de uma questão tão fundamental que molda o próprio vaso de sua vocação:

> O suicídio é o problema mais alarmante da vida. Como se pode estar preparado para ele? Por que é cometido? Por que é evitado? Ele parece irremediavelmente destrutivo, deixando atrás de si culpa e vergonha e uma desalentada estupefação. O mesmo ocorre na análise, *para o analista, o suicídio é mais complexo ainda que a psicose, a tentação sexual ou a violência física, porque representa a síntese da responsabilidade que um analista carrega.* Mais ainda, é fundamentalmente insolúvel,

> porque não é um problema de vida, mas de vida e de morte. A consideração do suicídio também acarreta uma reflexão sobre princípios fundamentais. Descobrindo sua posição face a este problema, o analista estará, também, formando sua atitude em relação às coisas primeiras e últimas, modelando e dando forma ao vaso de sua vocação (HILLMAN, 1993: 25 – grifo meu)

Hillman alerta que, diante do anúncio direto ou indireto de um paciente que comunica a intenção de tirar a própria vida, é possível que o terapeuta fique tomado por fortes sentimentos contratransferenciais de natureza salvacionista. Por vezes, mergulhado numa impotência desesperadora, ele pode, inclusive, se identificar com o anseio dos familiares dos pacientes, e desejar a todo custo encontrar uma saída para o problema, desde que não seja a morte invocada pelo paciente. Entretanto, em relação ao manejo terapêutico, Hillman propõe que o analista deve sustentar um espaço para ressignificar não só a morte, mas também a própria vida, de maneira que o paciente possa trazer livremente suas fantasias e ideias a respeito de seu sofrimento particular. Complemento esse argumento propondo que o paciente também seja considerado como um ser vivente submetido a uma ordem política, histórica e social que por vezes o assola, tanto quanto seus conflitos pessoais. Nesse *locus* imaginal que caracteriza a análise, que se possa tomar a morte como um personagem, tal qual já foi personificado diversas vezes no cinema[1], para indagar dela o que precisa morrer ou o que não pode mais ser mantido vivo nos moldes em que a vida se encontra. Pois, na análise, o paciente é convidado a contar suas histórias, que podem ser ouvidas por alguém, um outro, de corpo presente, vivo e disponível para receber e compartilhar dessa narrativa, sem qualquer obrigatoriedade de se chegar numa construção unívoca, como muitas vezes ocorre em algumas propostas terapêuticas voltadas apenas à adaptação social do indivíduo. O autor, numa atitude polêmica, questiona a preponderância observada em práticas psicológicas identificadas com o selo "saúde mental", que privilegiam exclusivamente a manutenção da vida, ou as necessidades de adaptação social, numa perspectiva unilateral que enaltece apenas uma das polaridades da díade morte-vida, orientada muitas vezes pelo discurso médico.

Veremos que Hillman considera o desejo de morrer de modo mais complexo, como um atravessamento arquetípico que pode acometer qualquer ser humano, levando a pessoa, algumas vezes, à morte literal, já que para alguns, a vida não seria um alvo natural da existência. O autor problematiza,

1. Remeto ao filme *"O Sétimo Selo"*, de Ingmar Bergman (1957), em que o protagonista propõe um jogo de xadrez com a morte, a fim de ganhar tempo para deixar o mundo. Essa imagem permite pensar que lidar com situações inesperadas, como o suicídio de um ente querido ou mesmo alguém de uma convivência próxima, pode deixar um registro dessa ordem: inscreve-se no indivíduo uma tentativa de negociar, postergar as separações ao longo da vida, sendo necessário, por vezes, negá-las ou recusar-se ao diálogo com os sentimentos e atravessamentos que a morte provoca e com os quais pode-se tentar barganhar, mas jamais fugir, pois como todos sabem, ela sempre ganha suas apostas.

também, os aspectos sombrios (inconscientes) do suicídio: agressão, vingança, chantagem emocional, sadomasoquismo, ódio-ao-corpo, como se os movimentos suicidas oferecessem pistas de um Outro, espécie de "assassino interior" que habitaria, metaforicamente, a psique. Quem seria esse personagem e o que ele poderia estar querendo daquela pessoa, ou de sua família, ou do entorno social? Como abordá-lo, terapeuticamente? Como ouvir e dialogar com suas demandas e necessidades que podem não estar sendo ouvidas pelo eu dominante na constituição psíquica do próprio sujeito e/ou do grupo ao qual ele pertence?

Dialogar com a morte, como se ela fosse um personagem que tem voz ativa no setting, e "deixá-la" falar de seus devires para com o eu do paciente seria uma possibilidade de evitar sua literalização no suicídio? Pois o suicídio pode ser entendido como a concretização das fantasias de morte, indicando a falência da capacidade de metaforização, tanto do paciente, como de seu ambiente social. Então, como encaminhamento possível em relação ao suicídio, em vez de adotar uma postura terapêutica que tenta heroicamente reverter a determinação da voz que diz "eu quero morrer", a questão seria deslocada para uma perspectiva simbólica e por que não dizer, literária: "o que em mim precisa morrer?"; ou "quem em mim não deseja viver?". Dessas indagações, poderiam surgir imagens que ajudassem o paciente a suportar angústias, e ideias que permitissem entender com mais profundidade questões de como ele vive a vida, ou quais dificuldades está enfrentando para viver; ou quais modos de relação ele tem para com o mundo, ou sente que o mundo tem para com ele, que talvez provoquem tais angústias com as quais não consegue lidar sozinho.

Pois quando a morte não pode ser reimaginada, ela se lança concretamente sobre o sujeito, como o ceifador que decepa impiedosamente os ramos do trigo. Por mais paradoxal que essa abordagem possa parecer, metaforizar a morte só seria possível dando um lugar para as fantasias suicidas se apresentarem ao sujeito, de modo que ele pudesse falar delas e com elas a um outro, no caso o terapeuta, a família, a escola, a sociedade, enfim, sem precisar negar a força dessa regência mítica que atravessa sua alma e rapta seu ego, mantendo-o refém de fantasias e/ou atuações inconscientes[2].

Aqui, temos a possibilidade de questionar o paradigma que condiciona uma decisão coletiva de manter silêncio sobre casos de suicídio ou mesmo sobre produções culturais

---

2. Conforme orientações do "Manual para Profissionais da Mídia para prevenção do suicídio", elaborado pela Organização Mundial da Saúde (OMS), que recomenda a restrição de publicação de imagens e/ou detalhes de suicídios na mídia. Justifica essa recomendação citando uma das primeiras associações entre os meios de comunicação de massa e o suicídio através da publicação de *Os Sofrimentos do Jovem Werther*, de Johann Wolfgang von Goethe. A partir dessa obra foi possível observar o aumento de relatos de suicídios reais cometidos através da imitação do método utilizado pelo personagem da ficção, culminando na expressão "Efeito Werther". Na argumentação de Hillman, e de outros pesquisadores (MORETTO, SVARTMAN, FRELLER et al, 2017; HWANG, 2018), o segredo ou recusa ao diálogo com a morte pode ser mais prejudicial ao paciente - uma vez que lhe retira o direito a um espaço e a uma escuta para as fantasias sobre a morte e as ideações suicidas -, do que uma atitude de abertura que permita o reconhecimento dessa força arquetípica, para um diálogo com os fantasmas que assombram o sujeito e seu entorno familiar/social.

que dão voz ao tema, como em jogos virtuais e séries televisivas recentes[3], pois tal recusa em falar sobre o assunto contribui para manter o suicídio como tabu em nossa sociedade. Estabelecendo uma primeira aproximação com o pensador W. Benjamin[4] a esse respeito:

> Ora, é no momento da morte que o saber e a sabedoria do homem e sobretudo sua existência vivida – e é dessa substância que são feitas as histórias – assumem pela primeira vez uma forma transmissível. Assim como no interior do agonizante desfilam inúmeras imagens – visões de si mesmo, na quais ele se havia encontrado sem se dar conta disso -, assim o inesquecível aflora de repente em seus gestos e olhares, conferindo a tudo o que lhe diz respeito aquela autoridade que mesmo um pobre-diabo possui ao morrer, para os vivos em seu redor. Na origem da narrativa está essa autoridade (BENJAMIN, 1994, p. 207/208)

3. *13 Reasons Why (2017)*, baseada no livro homônimo "*Thirteen Reasons Why*"(2007), de Jay Asher, que foi adaptado por Brian Yorkey para uma série de televisão americana, veiculada pela primeira vez em março/2017. *Baleia Azul (2017)*, um jogo online criado supostamente na Rússia, em que se estabeleceria uma relação virtual entre um jogador voluntário e um curador que administra o jogo, propondo uma série de desafios arriscados que incluiriam atos de automutilação e até mesmo o suicídio.

4. Walter B. S. Benjamin (Berlin, 15/07/1892 – Portbou, 27/09/1940). Ensaísta, crítico literário, tradutor, filósofo e sociólogo judeu alemão. Associado à Escola de Frankfurt e à Teoria Crítica. Encontrei na obra de Walter Benjamin algumas ideias que permitiram um diálogo com a psicologia analítica para uma compreensão do suicídio numa perspectiva que ultrapassa a leitura exclusivamente individual do fenômeno em questão, como normalmente ocorre nos estudos dedicados a esse tema na literatura psicológica e psicanalítica.

Portanto, ao contrário de evitar o tema, de desviar a atenção e a libido do paciente para outros assuntos ou tarefas orientadas pelo ego (trabalho, cursos, viagens etc.), o analista se ofereceria para promover um encontro do paciente e também das pessoas que convivem mais proximamente com ele com tal personagem. Do ponto de vista social, dar-se-ia *passagem* para aquilo que precisa vir a ser conhecido e reconhecido em relação ao sofrimento e aos desafios que precisam ser aceitos, para promover transformações no seio social que acolhe os indivíduos que se encontram profundamente desencontrados de si mesmos e do mundo. A peculiaridade desse encontro com o suicídio tende a constelar, tanto no espaço terapêutico, como no ambiente familiar e escolar, uma série de fantasias, ideias, lembranças identificatórias, ansiedades e medos diante de jovens que comunicam o desejo ou mesmo ideias associadas diretamente à intenção de tirar a própria vida. Porém, inspirados numa ideia de Pascal, evocada por Benjamin (1994, p.212), quando diz "(...) ninguém morre tão pobre que não deixe alguma coisa atrás de si. Em todo caso, ele deixa reminiscências, embora nem sempre elas encontrem um herdeiro", podemos indagar: o que um suicídio consumado deixa como herança para os que ficam? Ou ainda: Que narrativa é possível construir junto daquele que tenta se matar e sobrevive?

A morte da arte de contar histórias

Walter Benjamin aponta que a narrativa - como a principal forma de transmissão da tradição oral que compõe a história da humanidade -, estaria desaparecendo no mundo moderno em função das restrições impostas aos indivíduos, impedindo-os de se relacionarem com os eventos como experiências compartilhadas. Nesse contexto, os acontecimentos passaram, por sua vez, a serem assimilados como meras vivências pelos sujeitos de uma civilização opressora (BENJAMIN, 1936/1994).

Para esclarecer a diferença entre esses dois conceitos, experiência e vivência, retomo a apresentação dos termos proposta por Benjamin. Segundo ele, *Erfahrung*, poderia ser traduzido por "experiência", dizendo respeito à possibilidade de um deslocamento de um lugar fixo ou já definido, para outros, inéditos, algo semelhante ao que, literal e metaforicamente pode-se experimentar numa viagem. Portanto, uma "experiência" supõe um encontro com algo que nos afeta, muitas vezes, inesperadamente. Advinda de uma rememoração ou lembranças que "assaltam" a consciência e surpreendem a pessoa de forma poética, simbólica, afetiva, a experiência permite novas elaborações numa narrativa que pode ser compartilhada com outros. Sendo uma das mais antigas formas de comunicação advindas da tradição oral, a narração não serviria apenas para informar acontecimentos, mas por meio dela, seria possível integrá-los numa relação dialógica entre aquele que conta uma historia, e o outro, que a recebe e participa dessa experiência, como ouvinte. Diferentemente da "vivência" (*Erlebnis*), que tem uma conotação individual, a "experiência" remete ao espaço compartilhado, sendo que "nela ficam impressas as marcas do narrador como os vestígios das mãos do oleiro no vaso da argila", conforme poeticamente esclarece Benjamin (1994, p.205). De outro lado, a "vivência" (*Erlebnis*) tende a ser assimilada apressadamente, produzindo efeitos imediatos na consciência e no corpo do sujeito. Tomado pelos efeitos produzidos pelo choque das vivências automatizadas sobre seu corpo, ele pouco pode elaborar em termos de um aprofundamento subjetivo, simbólico no campo das ideias e dos afetos, tendendo a definir sentidos únicos e fechados em si mesmos para os acontecimentos.

Se tomarmos o poeta como um porta-voz da tradição oral, podemos entender o que Benjamin denuncia como a morte do narrador e o desaparecimento da arte de narrar em função dos esforços repressivos da cultura. Um exemplo mais próximo de nós, brasileiros, pode ser visto na composição da cantora Marisa Monte (2000), quando denuncia na música "gentileza", que "apagaram tudo, pintaram tudo de cinza, a palavra no muro ficou coberta de tinta. Apagaram tudo, pintaram tudo de cinza, só ficou no muro, tristeza e tinta fresca". A cantora indica na música uma explicação possível para o ocorrido com as palavras do poeta Gentileza, que teve seus versos de um viaduto da cidade do Rio de Janeiro apagados por ordem das autoridades locais, em 1997, e reivindica: "nós, que passamos, apressados pelas ruas da cidade, merecemos ler as letras e as palavras de gentileza" (MONTE, 2000).

Uma situação mais recente, desta vez em São Paulo, foi a pintura dos grafites nos murais da avenida 23 de maio, definida pelo Prefeito que se encontrava à frente da administração da cidade em janeiro de 2017. Seria mera coincidência o fato das decisões dos representantes políticos de plantão decretarem a cobertura dessas expressões artísticas com tinta cinza, e o consequente apagamento de imagens artísticas e versos poéticos em viadutos e muros das duas maiores cidades do país, locais por onde transitam milhares de pessoas por dia? Seria possível reconhecer em tais decisões uma força repressora que visa homogeneizar a relação dos cidadãos com os espaços públicos, levando-os possivelmente a não se "distraírem" e, por consequência, não se humanizarem, com a intenção de manter seu foco no passo apressado e ritmado que os leva a se locomover, de modo automático, em meio à multidão, seja de pessoas, ou de carros?

Relacionando a questão da morte do narrador e da impossibilidade de viver a experiência compartilhada no mundo contemporâneo ao tema de minha fala neste simpósio, o suicídio entre adolescentes, e considerando o aumento expressivo e recorrente desse fenômeno nos últimos anos, especialmente nessa faixa etária, seria possível correlacionar a ideação e o impulso suicidas, em termos sociais, ao esvaziamento da experiência dos sujeitos em suas vidas individuais e coletivas?

Benjamin oferece elementos para refletir sobre tais questões, quando problematiza a importância do olhar e sua relação com a "*aura*", como um sentido que integra o indivíduo na cultura. Pois, ao sentir-se visto, o sujeito pode revidar o olhar, estabelecendo uma relação humana de reconhecimento e troca, não só com pessoas, mas também com a natureza e com os espaços e objetos "inanimados" do universo que habita e pelo qual transita:

> (...) É, contudo, inerente ao olhar a expectativa de ser correspondido por quem o recebe. Onde essa expectativa é correspondida (e ela, no pensamento, tanto pode se ater a um olhar deliberado da atenção como a um olhar na simples acepção da palavra), aí cabe ao olhar a experiência da aura, em toda a sua plenitude. *(...) A experiência da aura se baseia, portanto, na transferência de uma forma de reação comum na sociedade humana à relação do inanimado ou da natureza com o homem. Quem é visto, ou acredita estar sendo visto, revida o olhar.* Perceber a aura de uma coisa significa investi-la do poder de revidar o olhar (BENJAMIN, 1994 p. 139/140 – grifo meu).

Esse autor problematiza, também, a relação da experiência com o tempo e o desejo, como elementos que permitem o desenrolar de sonhos e realizações dos indivíduos ao longo de períodos de vida, e à possibilidade de criar narrativas que atravessam gerações.

> (...) O desejo pertence à categoria da experiência. 'Aquilo que desejamos na juventude, recebemos em abundância na idade madura', escreveu Goethe. *Na vida, quanto mais cedo alguém formular um desejo, tanto maior será a possibilidade de que se cumpra. Quando se projeta um desejo distante no tempo, tanto mais se pode esperar por sua realização.* Contudo, o que nos leva longe no tempo é a experiência que o preenche e o estrutura. Por isso o desejo realizado é o coroamento da experiência (BENJAMIN, 1994, p. 129 – grifo meu).

Entende-se que é a experiência que permite dar sentidos ao tempo, caso contrário seria apenas uma sensação de temporalidade esvaziada. É, portanto, na experiência compartilhada que pode se dar a integração de sensações, sentimentos, ideias e afetos. Mas, como lidar com a aceleração vertiginosa do tempo vivido no mundo virtual, das redes sociais? Que impactos deixa essa aceleração na capacidade do sujeito viver e criar significados - que se fazem absolutamente necessários para o encontro humano -, no bojo de uma cultura que se encontra atravessada pelo apagamento opressivo da subjetividade? De que maneira essa aceleração marca a experiência, tanto em situações privadas como coletivas? Pensando mais especificamente em adolescentes e jovens, e nos desafios que ainda estão enfrentando em termos de desenvolvimento da personalidade, de que maneira a indiferença a que são submetidos os indivíduos no mundo contemporâneo interfere nas trocas afetivas e na consequente morte do narrador?

A morte dos rituais no mundo contemporâneo.

Retornando ao campo de estudos pós-junguianos, David Tacey (2005) nos oferece elementos críticos relacionados à ausência de espaços e referências culturais e religiosas para que o jovem possa viver os desafios da experiência de transformação da personalidade. O autor entende que, no caso de alguns jovens, o suicídio pode ser tomado como uma espécie de rito de passagem em termos psicológicos e sociais. Para isso, ele discute o que entende por aspectos psicológicos estruturantes encontrados nos rituais de iniciação, relacionando-os às perspectivas éticas, valorativas e morais que podem ser observadas nos impulsos suicidas em jovens adultos.

A ideia fundamental da iniciação – que permanece ainda viva como ritual em algumas culturas, é a de que a criança precisa passar por provas que lhe assegurem a entrada no mundo adulto. Isso porque sua essência só lhe será apresentada quando passar por tais provas, já que ao nascer, ela vem ao mundo como um ser incompleto. É comum, por exemplo, a mudança de nomes após passar por rituais de iniciação, prova de que agora o jovem se apropriou de seu "verdadeiro" ser, renascendo para uma nova fase da vida comunitária.

> As iniciações arcaicas são sempre testes, envolvendo medos, mutilações, e grande dificuldade física ou mental. Em termos simbólicos tanto quanto físicos, o estado natural é ultrapassado para levar o jovem a um tipo diferente de realidade, que transforma a condição herdada. (...) O movimento em direção a maturidade é numa certa extensão um *opus contra naturam*, um trabalho contra o estado natural, e até mesmo uma violação dele. É tomado como 'natural' porque quer permanecer o mesmo e resiste à transformação (TACEY, 2005, p.110).

O tema simbólico predominante na iniciação, então, é a morte, acompanhada de uma transformação, tanto no nível da consciência pessoal como diante da consciência coletiva, grupal. Ferimentos, sustos, raptos, às vezes um enterro simbólico: tais rituais tendem a ser dolorosos pois os períodos de mudanças implicam algum sofrimento para o iniciado. Mas o sofrimento, quando compartilhado, traz também continência e segurança para o medo da morte. Aproximando essa ideia às de Benjamin, podemos dizer que ao narrar suas angústias, o sofrimento do jovem ganha um contorno nos limites de um campo humanizado e significativo entre seus semelhantes.

Perguntando a um chefe aborígene como era a adolescência entre o seu povo, este respondeu à Tacey o seguinte "para nós, ela dura 5 dias, que é o período da iniciação". Ou seja, antes do ritual, ele é um menino/menina, e depois, do ritual, já se tornou um homem ou uma mulher. Sabemos que, no Ocidente, a adolescência ganha outros sentidos e padrões, em função de seu contexto histórico, social e econômico, mas o autor questiona a falta de rituais que possam contribuir e amparar o jovem na passagem para o mundo adulto com a sustentação concreta e simbólica do meio social.

Entendo que talvez o ritual mais claramente relacionado a essa passagem em nosso mundo ocidental – pelo menos nos países orientados pelo sistema econômico capitalista -, seja a entrada e a saída do jovem na universidade, que marcam sua preparação e consequente entrada no mundo do trabalho. Não considero mero acaso que quase todos os pacientes jovens que apresentavam tendências autodestrutivas e/ou suicidas por mim atendidos nos últimos anos, encontravam-se nesse momento da vida; fosse na fase de pré-vestibular, às voltas com a ansiedade e o estresse de serem ou não aprovados para entrar nesse novo universo de trocas e valores sociais; fosse no final do curso, já prestes a se confrontarem com a inserção efetiva no mundo profissional e seus impasses, considerando as intermitentes crises econômicas e políticas atravessadas pelo país nos últimos anos.

Observei que, na fase que antecedia a entrada do jovem na universidade, os impulsos autodestrutivos ainda estavam misturados a questionamentos de teor existencial, que poderiam ser colocados nos seguintes termos:

- Quem ou o quê sou eu? Qual o lugar que posso ocupar no mundo em que vivo?
- Preciso de alguma causa para acreditar, mas que causa é grande o suficiente num mundo em que os adultos parecem ter desistido de seus ideais e se mostram preocupados exclusivamente em garantir sua subsistência ou angariar novos itens de consumo?
- Estarei esperando demais do mundo? Existe algo de errado em mim? Por que eu não me sinto encaixado no mundo e sim achatado e sem perspectivas?

Nesse sentido, sem qualquer pretensão de invocar devaneios nostálgicos – uma vez que é necessário reconhecer a especificidade de cada momento histórico/social -, reitero a importância que reside nas narrativas, especialmente para os jovens, sejam aquelas compartilhadas com seus pares de mesma geração, sejam aquelas transmitidas pelos mais velhos, conforme esclarece Benjamin.

> (...) Sabia-se exatamente o significado da experiência: ela sempre fora comunicada aos jovens. De forma concisa, com a autoridade da velhice, em provérbios, de forma prolixa, com a sua loquacidade, em histórias; muitas vezes como narrativas de países longínquos, diante da lareira, contadas a pais e netos. Que foi feito de tudo isso? Quem encontra ainda pessoas que saibam contar histórias como elas devem ser contadas? Que moribundos dizem hoje palavras tão duráveis que possam ser transmitidas como um anel, de geração em geração? Quem é ajudado, hoje, por um provérbio oportuno? Quem tentará, sequer, lidar com a juventude invocando sua experiência? (BENJAMIN, 1994, p. 114).

Assim, podemos propor uma aproximação entre as ideias de Tacey e Benjamin, pois as narrativas e os rituais podem dar às novas gerações algum contorno coletivo para lidar com aquilo que os surpreendem e angustiam em suas histórias de vida, uma vez que a história do indivíduo encontra-se atrelada a uma "pré-história anterior", das gerações antecedentes e da própria espécie humana, num sentido arquetípico.

Para finalizar, ao indagar sobre o lugar que pode haver para a arte de narrar, considerando-a na perspectiva de um amplo arco que incluiria as duas polaridades da narrativa, e seus personagens correspondentes - o velho e o jovem, o narrador e o ouvinte -, podemos dizer que, dependendo do modo como estejam eticamente engajados na história, os indivíduos podem criar novos significados para seus modos de existir e coexistir socialmente, a partir do momento histórico em que se encontram inseridos. Portanto, a crítica de Benjamin para a cultura moderna aponta aspectos extremamente significativos que podem contribuir para novas formas de considerar o sofrimento do indivíduo, no mundo contemporâneo. Em relação à formação do psicólogo, vale pensar que também ele se encontra, como indivíduo e profissional, inserido num campo de significados construídos historicamente a partir de uma narrativa coletiva. Ele ocupa tanto a posição de narrador, como a de ouvinte de histórias, nas diferentes modalidades de sua pratica profissional. Simultaneamente, ajuda a narrar a própria história da psicologia, a partir do modo como avalia e realiza eticamente sua prática, que constituirá, por sua vez - dentro de uma linha temporal -, parte de uma herança que será deixada aos futuros psicólogos que virão depois dele.

Referências Bibliográficas

ASHER, Jay. *Thirteen reasons why(2017)*. Disponível em: https://www.netflix.com/br/title/80117470. Acesso em 09/07/2018.

BALEIA AZUL (2017). Revista Super Interessante. Disponível em: <https://super.abril.com.br/mundo-estranho/jogo-suicida-baleia-azul-chega-ao-brasil/> Acesso: em 09/07/2018.

BENJAMIN, W. O narrador: considerações sobre a obra de Nikolai Leskov. In: *Magia e técnica, arte e política*: ensaios sobre literatura e história da cultura. Obras escolhidas, vol. 1. São Paulo, Ed. Brasiliense, 1994.

BERGMAN, I. *O Sétimo selo*. Suécia, 1956.

BRUNHARI, M. V. *O ato suicida e sua falha*. Tese (Doutorado em Psicologia Clínica) - Instituto de Psicologia, Universidade de São Paulo, São Paulo, 2015, p. 233

CASSORLA, R. M. S. O impacto dos atos suicidas no médico e na equipe de saúde. In:______. (coordenador). *Do suicídio: estudos brasileiros*. Campinas-SP: Papirus, p. 149-165, 1991.

DURKHEIM, E. (1897). *O suicídio*. São Paulo, Ed. Martin Claret, 2002.

HWANG, E. *Suicídio por contágio e a contaminação midiática*. Dissertação (Mestrado em Psicologia) - Instituto de Psicologia, Universidade de São Paulo, São Paulo, 2017, p. 175

HILLMAN, J. *Suicídio e alma*. Tradução de Gustavo Barcellos e Lúcia Rosenberg. Petrópolis: Vozes, 1993b. p. 231

JUNG, C.G. (1946). Considerações teóricas sobre a natureza do psíquico. In: ______. *A dinâmica do inconsciente*. Tradução de Pe. Dom Mateus Ramalho da Rocha. Petrópolis: Vozes, 1984. p.166-239. (Obras Completas de C. G. Jung, v. 8).

KOVÁCS, M. J. Comportamentos autodestrutivos e o suicídio. In______. (Org.). *Morte e desenvolvimento humano*. São Paulo: Casa do Psicólogo, p. 171-194, 1992.

MONTE, Marisa. *Gentileza*. Acesso: em 09/07/2018. Disponível em: <https://www.letras.mus.br/marisa-monte/47282/>

MOREIRA, L.C.O.; BASTOS, P.R.H.O. Ideação suicida na adolescência. In: *Revista Quadrimestral da Associação Brasileira de Psicologia Escolar e Educacional*, São Paulo. Vol. 19, no. 3, p. 445-453, 2015.

MORETTO, M.L.T et at. O suicídio e a morte do narrador. In: *Revista de Psicologia – USP*, São Paulo. Vol. 28, no. 2, p.159-164, 2017.

OLIVEIRA, S.R. de. O suicídio e os apelos da alma: reflexões sobre o suicídio na clínica junguiana com pacientes adolescentes. In: *O mundo da saúde*. Centro Universitário São Camilo. São Paulo, 2012.

PENNA, E. M. D. Pesquisa em psicologia analítica: reflexões sobre o inconsciente do pesquisador. In: *Boletim de Psicologia*, vol. LVII. No. 127, p. 127-138. São Paulo, 2007.

PREVENÇÃO DO SUICÍDIO: um manual para profissionais da mídia. Organização Mundial de Saúde – Departamento de Saúde mental, transtornos mentais e comportamentais. Genebra, 2000. Disponível em: <http://www.who.int/mental_health/prevention/suicide/en/suicideprev_media_port.pdf> Acesso em 09/07/2018.

SANTOS, A. B. B. *A primeira hora*: as dificuldades e desafios dos profissionais de psicologia em tratar e compreender pacientes com ideação ou tentativa de suicídio. Dissertação (Mestrado em Psicologia) - Instituto de Psicologia, Universidade de São Paulo, São Paulo, 2007, p. 184

SUICÍDIO E PREVENÇÃO. Editorial Folha de S. Paulo, São Paulo, 25 setembro 2017. Disponível em https://www1.folha.uol.com.br/opiniao/2017/09/1921437-suicidio-e-prevencao.shtml. Acesso em: 26 setembro 2017.

TACEY, D. *Spiritual Perspectives on Suicidal Impulses in Young Adults. In: Spirituality and Psychological Health.* Richard H. Cox, Betty Ervin-Cox, Louis Hoffman (eds). Colorado Springs: Colorado School of Professional Psychology Press, 2005 (pp. 107-128 – chapter 7).

Capítulo 6

O EU, O OUTRO E A EXPERIÊNCIA DA ALTERIDADE

Paula Perrone

Um copo de cólera, de Raduan Nassar, obra literária produzida em 1970 e publicada em 1978, é um convite e um desafio à reflexão junguiana. Filho de imigrantes libaneses chegados ao Brasil depois da Primeira Guerra Mundial, Raduan nasceu no interior do estado do São Paulo em 1935, o sétimo de dez filhos. Graduou-se em filosofia e em direito na USP. Fundou com alguns irmãos o Jornal do Bairro (de Pinheiros) do qual foi editor por muitos anos. Autor de apenas três obras, Raduan Nassar é romancista, novelista e contista, reconhecido pela crítica especializada como um escritor de obras primas da literatura brasileira, integrantes do patrimônio cultural e literário do país, que marcaram a cena literária do momento, especialmente *Lavoura arcaica* e *Um copo de cólera*. Foi um escritor notavelmente premiado[1].

Um copo de cólera situa-se entre a novela e o romance. Narrativa especialmente breve, de oitenta e quatro páginas, tem impressionante força linguística, estética e de estilo, um contundente e precioso texto cuja trama se volta para o universo de um chacareiro de meia idade que, embora viva no campo e tenha atividade agrícola, pensa o universo urbano, além de questões e conflitos humanos, muitas de suas contradições e paradoxos, papeis sociais e políticos. Isto aparece explicitado em uma discussão dele com uma mulher que o visita, com quem mantém um relacionamento amoroso. Com a coincidência entre o narrador e o protagonista, o tom da narrativa é fortemente subjetivo.

O livro estrutura-se em sete partes: seis capítulos bem curtos e apenas um capítulo maior - O esporro - todos escritos para serem lidos de um fôlego só, num estilo narrativo denso, também utilizado em *Lavoura arcaica*, em que foi

---

1. Sua primeira obra publicada foi o romance *Lavoura arcaica*, em 1975, pelo qual recebeu em 1976 o Prêmio Coelho Neto, na categoria romance, da Academia Brasileira de Letras, o Prêmio Jabuti, na categoria Revelação de Autor, da Câmara Brasileira do Livro e o Prêmio APCA, da Associação Paulista de Críticos de Arte, Menção Honrosa, na categoria Revelação de Autor. Em 1978 publicou *Um Copo de Cólera* e recebeu no mesmo ano o Prêmio APCA, categoria melhor ficção, da Associação Paulista de Críticos de Arte. Em 1997 publicou *Menina a caminho e outros textos* pelo qual, no ano seguinte, em 1998, lhe foi concedido o Prêmio Jabuti, na categoria Contos e Crônicas. Pelo Conjunto da obra, publicada em 2016, o autor recebeu o Prêmio Camões 2016.

chamado de fluxo de consciência, pois são capítulos compostos de um só parágrafo, com apenas um ponto final ao término de cada um.

O primeiro capítulo - A chegada - abre um cenário amoroso entre o casal que se encontra num fim de tarde quando o homem chega à sua casa na chácara, a jovem está à sua espera, juntos veem o pôr do sol do terraço e há um clima de sedução por parte dele.

O segundo capítulo - Na cama - é marcado pelo tom de extrema sensualidade no relato da intimidade dos dois personagens ao longo da noite.

O terceiro capítulo - O levantar - narra os dois acordando no fim da madrugada, saindo da cama ainda com vontade de ficar juntos.

O quarto capítulo - O banho - descreve os cuidados quase maternais da mulher com o homem durante o banho, o prazer e a entrega total dele a esses cuidados.

No capítulo O café da manhã, o casal está no terraço, à espera do café que será servido pela caseira.

O sexto capítulo - O esporro - contém o episódio que dá título ao livro, é o seu cerne: a narrativa de uma briga intensa do casal. O capítulo é basicamente um diálogo de verbalização muito rápida, própria de uma briga; este estudo inclina-se sobre ele.

O último capítulo repete o título do primeiro - A chegada - e confirma a estrutura circular que ele anuncia: enquanto nos primeiros seis capítulos a voz narrativa é do protagonista, portanto do homem, no último capítulo há uma mudança da ordem narrativa com a mulher como narradora e a surpreendente espiral é revelada pela chegada da mulher ao sítio, que traz nova dimensão à relação do casal.

Ao olhar da psicologia analítica a discussão que acontece entre os dois personagens principais revela a possessão de um complexo sobre a psique do protagonista e também sobre a da jovem jornalista, hábil com as palavras, em sua estratégia discursiva. Nosso foco será no narrador protagonista, cuja linguagem denuncia um verdadeiro estado de transe.

A palavra *complexo* nomeia acertadamente a "célula psíquica[2]", o elemento formador do tecido psíquico em que ocorrem situações que não são simples, por agregarem elementos de diferentes naturezas. O complexo é uma estrutura de natureza inconsciente formada por conteúdos ideativos e por elementos afetivos, daí Jung e sua equipe de pesquisadores do Burghölzli tê-lo denominado inicialmente, nos primeiros anos do século XX, complexo ideo-afetivo. Todo complexo produz fantasias, sublinha e tinge o sentido dos conteúdos psíquicos. Enxergamos e sentimos pelas lentes do complexo constelado. Como leitora do livro *Um copo de cólera* proponho focar o colorido dos sentimentos e pensamentos do narrador e protagonista, fruto desses núcleos inconscientes presentes em sua psique desde o momento do capítulo "O esporro" em que a tensão se instala.

2. Um dos modos pelos quais Jung se refere ao complexo.

O narrador descreve fenomenologia de um transbordamento, em que fica evidenciada uma desmedida. A mesura era uma deusa grega, tal sua importância no acontecer da alma humana. Sua ausência é um fenômeno provável de acometer o eu quando ele fica subordinado em um grau elevado a um núcleo inconsciente, isto é, quando a energia psíquica do complexo suplanta a do eu.

O decorrer do relato evidencia algo que não é incomum: o amalgamento de complexos. Ao complexo inicial que gera a cólera acopla-se outro complexo ou mais de um. E vai havendo uma somatória da carga de emoção de cada um à dos anteriores, que praticamente "arrasta" o personagem, uma vez que toma conta de sua visão de si e do mundo no sentido de conotar seu modo de sentir e de pensar e, com isso, determinar o norte de sua ação ou expressão. Vejamos como tudo isso acontece na briga do casal.

O Outro nos complexos do narrador protagonista

... eu sentado ali no terraço ... percorria com os olhos as árvores e os arbustos do terreno... pois estava gostando de demorar os olhos nas amoreiras de folhas novas, ...(bonito toda vida!), mas meus olhos de repente foram conduzidos e essas coisas quando acontecem a gente nunca sabe bem qual o demônio, e, apesar da neblina, eis o que vejo: um rombo

na minha cerca viva, ai de mim, amasso e queimo o dedo no cinzeiro, ela não entendendo me perguntou " o que foi?", *mas eu sem responder me joguei aos tropeções escada abaixo..., e ela atrás de mim quase gritando* "mas o que foi?", *...desabalei feito louco e, assim que cheguei perto não aguentei "malditas saúvas filhas da puta", e pondo mais força tornei a gritar... é preciso ter sangue de chacareiro para saber o que é isso, eu estava uma vara vendo o estrago, eu estava puto com aquele rombo ... e foi numa rajada que me lancei armado no terreno ao lado, campeando logo a pista que me conduzisse ao formigueiro ... e tremendo, e espumando, eu sem demora descubro, e de balde já na mão deito uma dose dupla de veneno em cada olheiro, c'uma gana que só eu é que sei o que é porque só eu é que sei o que sinto, puto com essas formigas tão ordeiras, puto com sua exemplar eficiência, puto com essa organização de merda que deixava as pragas de lado e me consumia o ligustro da cerca viva, daí que propiciei a elas a mais gorda bebedeira, encharcando suas panelas subterrâneas com farto caldo de formicida, cuidando de não deixar ali qualquer sobra de vida*

A tensão é deflagrada a partir de um fato banal, que em si não justifica o vulto que ela toma. Assim acontece com o complexo, que é constelado na psique a partir de algum estímulo que pode ou não ser insignificante. Por efeito da cadeia associativa de ideias, ou quando um traço mnêmico sensível é atingido, às vezes pela ressonância de um evento marcante no plano afetivo ocorrido simultaneamente, ou ainda pela coincidência de tom emocional, fatores que podem ser acionados e agem como um fio condutor que atrai energia inconsciente, o estímulo atinge e toca um núcleo traumático da pessoa. A emoção, que sempre é produzida no limiar do plano físico e do afetivo toma conta do sujeito em algum nível. No caso do narrador protagonista diante do buraco em sua cerca viva de ligustros, ela configura-se como raiva.

... quando notei que ela e dona Mariana nessa altura estavam de conversinha ali no pátio que fica entre a casa e o gramado, a bundinha dela recostada no para-lama do carro, a claridade do dia devolvendo com rapidez a desenvoltura de femeazinha emancipada...

A atitude corporal da jovem enquanto conversa com a caseira suscita no homem uma reação - sinal de que um núcleo inconsciente foi atingido - gera um raciocínio de desprezo: "conversinha" e "femeazinha".

e tagarelando tão democraticamente com a gente do povo, que era por sinal uma de suas ornamentações prediletas, justamente ela que nunca dava o ar da sua graça nas áreas de serviço lá da casa, se fazendo atender por mim fosse na cama ou pela caseira no terraço, deixando o café só a meu cargo na falta da dona Mariana

Ele constata sarcasticamente que ela é capaz de usar um tom democrático no diálogo com a caseira quando, pelo convívio deles, ele sabe que ela gosta de ser atendida e servida, pela caseira e por ele. Fruto do acionamento da crítica exacerbada, por sua vez engendrada a partir da raiva que foi deflagrada na psique do chacareiro, o sarcasmo toma lugar.

... eu só sei que de cara enfezada, e sem olhar pro lado delas, entrei curvado pela porta do quartinho de ferramentas ali mesmo embaixo da escada, ... mas, previdente aproveitei a provisão das prateleiras pra me abastecer de outros venenos, além de eu mesmo, ... me embriagar às escondidas num galão de ácido, preocupado que estava em maquilar por dentro minhas vísceras...

O personagem envenena seu ambiente interno com sentimentos negativos, infectados pelo afeto do complexo, que nutre com a acidez gerada em sua interioridade. Pode-se observar nele uma inundação de morbidade, que impede uma abordagem amena, serena ou amorosa diante de um fato novo e praticamente irrelevante a ser enfrentado. Ao contrário, o fato se torna quase pretexto para a emoção forte de negatividade.

eu só sei que quando saí de novo ali pro pátio as duas já não conversavam mais ... uma e outra, embora lado a lado, se encontravam habilmente separadas, ela não só tinha forjado na caseira uma plateia, mas me aguardava também c'um arzinho sensacional que era de esbofeteá-la assim de cara,

Na linguagem junguiana a constelação de um complexo anuncia a presença do Outro e sua tomada de posição na dinâmica psíquica, isto é, a intervenção do inconsciente na vida da consciência. O inconsciente é o outro em relação ao eu; ele é o que o eu desconhece e atua na dinâmica psíquica de modo independente. Esse outro, pelo colorido com que no caso presente se investe, imprime no personagem sua marca.

e como se isso não bastasse ela ainda por cima foi me dizendo

"não é pra tanto, mocinho que usa a razão"

e eu confesso que essa me pegou em cheio na canela, aquele "mocinho" foi de lascar, inda mais do jeito que foi dito, tinha na observação de resto a mesma composta displicência que ela punha em tudo, ... que beirava o distanciamento, como se isso devesse necessariamente fundamentar a sensatez do comentário e isso só serviu para me deixar mais puto,

No caso do homem parece que a emoção é estimulada pelas associações inconscientes que se desencadeiam em sua mente diante da atitude da jornalista, quando ela se expressa com o que ele sente como displiscência quase distante, ar de isenção e superioridade. Ele talvez espere que ela nutra por ele admiração, que se envolva e sinta alguma dependência; ao não encontrar o que gostaria, a frustração o perturba e se contamina da raiva já presente no seu meio ambiente interno.

"pronto", eu disse aqui comigo como se dissesse "é agora", eu que ficando no entrave do "mocinho" podia perfeitamente lhe dizer "fui mais manipulado pelo tempo"... passando-lhe também um sabão pelo uso, enfadonho no fundo, da ironia maldosa ... mas a ela, que via naquela prática um alto exercício da inteligência, viria bem a calhar se eu então sisudo lhe lembrasse que não dava qualquer mistura ironia e sólida envergadura, ... pois era fácil de ver, entre escancaradas e encobertas, a reprimenda múltipla que trazia, fosse pela minha extremada dedicação a bichos e plantas, mas a reprimenda, porventura mais queixosa, por eu não atuar na cama com igual temperatura (quero dizer, com a mesma ardência que empreguei no extermínio das formigas),

As associações automáticas o remetem à memória que ele guarda da expressão frequente dela: "eu não tive o bastante, mas só o suficiente". Dá a forte impressão de que o complexo de inferioridade do homem foi tocado quando aos olhos e ouvidos dele a mulher se considera mais inteligente que ele ao usar de ironia para criticá-lo, ou quando ela talvez se queixe dele pela falta de "ardência" na cama.

não que ela não fosse inteligente, sem dúvida que era, mas não o bastante, só o suficiente, e eu poderia atrevido largar às soltas o raciocínio espremendo até o bagaço o grão do seu sarcasmo, mas eu não falei nada, não disse um isto, tranquei minha palavra, ela não teve o bastante, só o suficiente, eu pensava, por isso ela já estava lubrificando a língua viperina entorpecida a noite inteira no aconchego dos meus pés e etcétera,

Desta vez ele é irônico, postura interna fruto do funcionamento complexado que tomou conta dele durante a discussão. É a sua própria zombaria, ativada automaticamente no lamaçal de raiva do qual não se dá conta, que ele enxerga na jornalista. O que ele entende como manobras da parte dela lhe soam como distanciamento crítico e o deixam ameaçado.

eu só sei que continuei de cabeça baixa mas avançando, as coisas aqui dentro se triturando... e eu tinha, e isso era fácil de ver, a dona Mariana primeiro, mas estava na cara que não era a dona Mariana, nem era ela, não era ninguém em particular pra ser mais claro ainda, mas mesmo assim eu perguntei "onde está o seu Antônio?" e perguntei isso pra caseira dum jeito mais ou menos equilibrado e de quem quase mas só quase está se dominando, ... meu estômago era ele mesmo uma panela e eu estava co'as formigas me subindo pela garganta, sem falar que eu já puxava ali pro palco quem estivesse a meu alcance, pois não seria ao gosto dela, mas, sui generis, eu haveria de dar um espetáculo sem plateia, daí que fui in-

timando duramente a dona Mariana..., combinando estreitamente essas duas ferramentas, o alicate e o pé de cabra para lhe arrancar uma palavra... - atrelado à cólera – eu cavalo só precisava naquele instante dum tiro de partida, era uma resposta, era só uma resposta que eu precisava,

Na expressão de Jung: "Se sabemos que temos um complexo, ele nos tem; se não sabemos, ele nos arrasta." Aqui é interessante observar o fato de o narrador protagonista reconhecer que ninguém em particular provoca a reação que ele tem enquanto personagem; é uma marca típica da dominação do inconsciente por um complexo negativo: dependendo da quantidade de energia contida naquele núcleo constelado, ele produz uma relativa cegueira na pessoa, que fica em estado de prontidão emocional para reagir à intervenção de qualquer interlocutor que seja visto como antagonista. O personagem sente que está tomado de cólera; a expressão "eu-cavalo", imagem simbólica que não contempla a presença do cavaleiro, demonstra que se sabe entre forças primitivas.

"eu não entendo como você se transforma, de repente você vira um fascista"

... eu só sei que essa foi no saco, e não era o meu saco que devia ser atingido, disso eu estava certo (apesar de tudo), estava solidamente certo de que minha raiva se resgatava na fonte,

"você me deixa perplexa" ... "perplexa!"

mas segurei bem as pontas, fiquei um tempo quieto, me limitando a catar calado duas ou três achas do chão, abastecendo com lenha enxuta o incêndio incipiente que eu puxava (eu que vinha metodicamente misturando razão e emoção num insólito amálgama)

Contaminado, o chacareiro se revolta quando a jovem mulher se arroga o direito de criticá-lo no modo como se relaciona com seus empregados. O sujeito tem a percepção da coexistência de pensamentos e afetos agindo em alta frequência dentro de si; se apoia ainda em seu estilo, acredita que deve se firmar numa estratégia. É difícil para o observador distinguir esta impressão da presença do fluxo de outra consciência agindo em sua mente, a consciência do complexo, uma personalidade parcial ativada.

...ela, na hora da picada, estava era de olho na gratificante madeira do meu fogo, de qualquer forma eu tinha sido atingido, ou então, ator, eu só fingia, a exemplo, a dor que realmente me doía, eu que dessa vez tinha entrado francamente em mim, sabendo, no calor aqui dentro, de que transformações eu era capaz (eu não era um bloco monolítico...) mas eu não ia falar disso pra ela, eu poderia, isto sim, era topar o desafio, ,,, lembrando de enfiada que ninguém, pisando, estava impedido de protestar contra quem pisava, mas que era preciso sempre começar por enxergar a própria pata, o corpo antes da roupa,

Ele não suporta a injustiça de que ela, hipocritamente, se coloque como virtuosa diante dele, numa atitude de superioridade que para ele é injusta. Ele se sente levado a desbancar o que considera tanta hipocrisia. Sem consciência do que o povoa, o personagem atribui basicamente à mulher a competitividade que vê assolar o diálogo dos dois.

mas nem me passava então pela cabeça espicaçar os conflitos da pilantra, não ia confundir um arame de alfinete co'a iminente contundência do meu porrete, seriam outros os motivos que me punham em pé de guerra, estava longe de me interessar pelos traços corriqueiros de um caráter trivial, e nem eu ia, movendo-lhe o anzol, propiciar suas costumeiras peripécias de raciocínio, não que me metessem medo as unhas que ela punha nas palavras, eu também... sabia dar ao verbo o reverso das carrancas e das garras, sabia, incisivo como ela, morder certeiro com os dentes das ideias, ... as coisas aqui dentro se fundiam velozmente com a febre... saí pois, mais que depressa pela tangente, fui é pro terreno confinado dela, fui pr'uma área em que ela se gabava como femeazinha livre, é ali que eu a pegaria, só ali é que lhe abriria um rombo...é ali que eu haveria de exasperar sua arrogante racionalidade, mas nem era isso o que eu queria, eu estava dentro de mim, precisava naquele instante é duma escora, precisava mais do que nunca - pra atuar - dos gritos secundários de uma atriz ... e ela nem tinha tanto a ver com tudo isso (concordo que é confuso, mas era assim), eu estava dentro de mim, eu já disse (e que tumulto!), estava era às voltas c'o imbróglio, co'as cólicas, co'as contorções terríveis duma virulenta congestão, co'as coisas fermentadas na panela do meu estômago, as coisas todas que existiam fora e minhas formigas pouco a pouco carregaram,

Nota-se a fala em transe, a persecutoriedade contida em palavras ou expressões como "pé de guerra", "anzol", "terreno confinado", "imbróglio", "virulenta congestão", sinais da fragilidade de quem está sob a custódia do inconsciente sem o recurso de se saber num terreno comprometido, minado. O que parece dificultar ao homem dar-se conta da possessão do complexo é ele ter uma narrativa que corrói, alimentada pela chama viva da emoção. No entanto ele conserva a percepção da coexistência de forças internas diversas agindo dentro dele, por alguns vestígios de consciência que lhe restam e se revezam ou quase se mesclam à visão do complexo, no ambiente de tumulto psíquico que predomina.

e alguém sempre tem de pagar queira ou não, era esse um dos axiomas da vida, era esse o suporte espontâneo da cólera (quando não fosse o melhor alívio da culpa)

O homem parece se referir ao fato de não conseguir suportar a sombra, não poder arcar com a culpa pelo erro nem ser capaz de carregar tal peso, cegueira que faz com que a sombra seja projetada no outro. Sua mentalidade soa como não livre, sem liberdade.

"aí, você aí, você aí sua jornalistinha de merda" continuei expelindo o vitupério aos solavancos,

"há-há-há"

"que tanto você insiste em me ensinar, se o pouco que você aprendeu da vida foi comigo"

"ó! honorável mestre!..."

mas foi um zás-trás, sua língua peçonhenta saindo e se recolhendo, era só de ver como trabalhava aquela peça bem azeitada, e ouvindo o que ela disse eu tremi, ...era antes pela obsessiva teima em me castrar, me chamando de "mestre", sim, mas me barrando sempre, por falta de títulos, qualquer acesso ao entendimento, a mim, um "biscateiro graduado"... mas me deixava uma vara ver a pilantra, ungida no espírito do tempo, se entregando lascivamente aos mitos do momento, independente, ... sendo puxada por este ou aquele dono ... já que eu para ela não passava de "uma besta vagamente interessante", era isso, aliás, nas horas desconvulsas, o máximo que ela me concedia...

"nunca te passou pela cabeça que sem minha alavanca você não é porra nenhuma, que eu tenho outra vida e outro peso..." aí ela me interrompeu

O mesmo personagem que confessou nutrir-se de veneno cai numa ignorância de si e, por decorrência, vê o ingrediente que é dele projetado na mulher. Essa é uma lei da psicologia analítica: tudo o que é inconsciente em si próprio, será visto fora, no outro, no mundo. Com isso acentua-se o desencadeamento da tempestade de palavras por parte do casal em duelo; ela se vê como foco de um ataque injusto já que ele, que a está condenando, age com pretensa superioridade, é o seu portador.

"vai, vai, repete outra vez, me diz que você não é o ermitão que eu te imagino, mas que você tem demônios a dar com pau ao teu redor, vai, diz isso, diz isso de novo, há-há-há... demoníaco há-há-há..."

eu do meu lado estava tremendo, e com isso já ia me perdendo, soltando inclusive a língua bem mais do que convinha...,

Baseado na crença do poder da consciência, o narrador protagonista também aposta nas pretensas manobras e acrobacias mentais e nas de sua interlocutora; alicerçar-se na arrogância da razão é mais uma demonstração do pensamento que o domina.

"fique tranquila, pilantra, gente como você desempenha uma função" *eu disse com amargura,* “fique tranquilo, sabichão, gente como você também desempenha uma função: cruzando os braços, você seria conivente, mas vejo agora que isso é muito pouco, como agente é que você há de ser julgado”

“não pedi tua opinião” *eu disse me amparando na frase feita, essa muleta ociosa mas capaz de exacerbar, compensadoramente, as sobras de musculatura, senti que me explodiam duas bolhas imensas aqui nos bíceps, enquanto reconquistava – suprema aventura! – minha consciência ocupada, fazendo coincidir, necessariamente, enfermidade e soberania*

Nos paradoxos imprevisíveis do caos emocional, estações pelas quais o complexo circula, é possível tanto afirmar nossa identidade, como nos perder na miséria das atuações.

“pra julgar o que digo e o que faço tenho meus próprios tribunais, não delego isso a terceiros, não reconheço em ninguém – absolutamente em ninguém – qualidade moral pra medir meus atos” *eu disse trocando de repente de retórica (tinha vibrado o diapasão e pinçado um tom suspeito, mas, como simples instrumentos – inclusive as inefáveis... – e já que tudo depende do contexto, que culpa tinham as palavras? Existiam, sim, soluções imprestáveis), acabei invertendo de vez as medidas, tacando três pás de cimento para cada pá de areia, argamassando o discurso com outra liga, me reservando uma hóstia casta e um soberbo cálice de vinho enquanto entrava firme e coeso (além de magistral como ator)*

Num contexto em que a energia psíquica está em grande parte no inconsciente, os recursos da consciência, em pequena medida presentes e as respectivas possibilidades de expressão do indivíduo se reduzem; ele precisa lançar mão de impostação, ser ator, para fazer valerem seus valores ou afirmações. O potencial, os meios pessoais e morais, seu próprio modo de ser no mundo fica limitado, aquém de como poderiam se exercer numa circunstância interna melhor. Isto se deve ao fato de que o eu, enquanto centro da consciência, convive com uma consciência que é própria do complexo e dela procura diferenciar-se, o que só é possível em parte e traz prejuízos como os mencionados. Tal consciência sobrecarregada deixa o sujeito à mercê dos imprevistos emocionais, no lamaçal afetivo do complexo, onde lhe resta um funcionamento interno primitivo de polaridade.

"tive um insight, ... acho que matei o quebra-cabeça, descobri finalmente qual é a verdadeira 'ocupação' desse biscateiro, aliás, só agora entendo por que a recusa em falar do teu 'trabalho', por que tanto mistério, só agora é que atino com o quê das tuas transas, já que todas as pistas do teu caráter que me levam a concluir que você não passa dum vigarista, dum salafra, dum falsário"

e eu confesso que de novo me tremeram as pernas... estiquei inda mais a corda dos meus nervos, contornando com cuidado a suspeita de falsário... eu só sei que dei a volta por cima "me sinto hoje desobrigado, é certo que teria preferido o fardo do compromisso ao fardo da liberdade; não tive escolha, fui escolhido, e, se de um lado me revelaram o destino, o destino de outro se encarregou de me revelar: não respondo absolutamente por nada, já não sou dono dos meus próprios passos, ... tudo o que faço ... é por um olho no policial da esquina, o outro nas orgias da clandestinidade"

"não posso descuidar que ele logo decola com o verbo..."

e logo ela tachava minha performance de catártica, mas eu de novo dei a volta por cima, deixei inclusive a "parafernália" pra trás (bola pra frente) e fui empurrando a minha história, equacionando uma álgebra tropical, ardente como nas origens (sangue e areia)...:

Ao olhar junguiano chama a atenção o fato de o personagem narrador não considerar que cai em suas próprias armadilhas. Mesmo capaz de reconhecer que oscila entre razão e emoção, o que se passa na discussão como um todo é uma possessão da qual ele não se dá conta. Envolvido que está com as manobras de seu discurso, ainda crente fervoroso de ter domínio de si, essa sua fé no entanto convive, em alguns momentos, com a percepção de seu descontrole. Pela prepotência presente na narrativa parece predominar, em sua psique, a falta de conexão interna entre a esfera consciente e a inconsciente.

"já disse que a margem foi um dia meu tormento, a margem agora é minha graça, rechaçado quando quis participar, o mundo hoje que se estrepe!..."

"há-há-há... ele perdeu as estribeiras... há-há-há... delinquente!"

"que tudo venha abaixo, eu estarei de costas; ao absurdo com a loucura, e nem podia ser outra a resposta; é amarga, sim, mas é no mínimo adequada e isto não depende do teu decreto, pois desde já é fácil prever o teu futuro: além de jornalista exímia você preenche brilhantemente os requisitos como membro da polícia feminina..."

"louquinho da aldeia!... entrou outra vez em convulsão, sabe-se lá o que ainda vem desse transe paroxístico..."

"te digo somente"

Montado no orgulho de um ideário que erige como um troféu e com o qual traveste sua emocionalidade, o protagonista menciona parte da epígrafe do livro, expressão forte e conhecida que lhe ocorre, o que indica identificar-se com seu conteúdo:

“ninguém dirige aquele que Deus extravia! não aceito pois nem a pocilga que está aí, nem outra ‘ordem’ que se instale, olhe bem aqui...”...*eu disse chegando ao pico da liturgia, e foi pensando na suposta subida do meu verbo que eu, pra compensar, abaixei sacanamente o gesto* “tenho colhão sua pilantra, não reconheço poder algum!”

Nesta citação do Alcorão encontra-se um sentido da possessão que nubla seu reconhecimento do que se passa em seu mundo interno. O inconsciente se faz presente e mostra o tipo de manejo que é capaz de fazer com a situação complexada: identifica-se com ela e atua um personagem que toma forma não mais apenas nas palavras dela.

“...há-há-há...

Ela o caracteriza duramente (com outra expressão notável, da epígrafe):

“Hosana! eis chegado o macho! Narciso! sempre remoto e frágil, rebento do anarquismo”... “dogmático, caricato e debochado...há-há-há...”

... “dispenso a exortação, fique aí no círculo da tua luz, e me deixe aqui, na minha intensa escuridão, não é de hoje que chafurdo nas trevas...”...”e depois, pilantra, se não posso ser amado, me contento fartamente em ser odiado” "sem acesso à razão, ele agora se ressuscita ridiculamente como Lúcifer... som e fúria...

contive a baba, mas me tremeram fortemente os dentes, não foi por outro motivo que passei a picotar o discurso hemorrágico do meu derrame cerebral, ... "... saiba ainda que faço um monte pr'esse teu papo, e que é só por um princípio de higiene que não limpo a bunda no teu humanismo; já disse que tenho outra vida e outro peso, sua nanica, e isso definitivamente não dá pauta pra tua cabecinha" *eu disse vertendo bílis no sangue das palavras, sentindo que lhe abalava um par de ossos, tinha sido certeira a porretada do disfarce, sem falar na profilática rejeição do seu humanismo, mas era incrivelmente espantosa sua agilidade, vendo que não cabiam mais palavras na refrega, a nanica, mesmo irritada, se agarrou às pressas no rabo do meu foguete, passando ao mesmo tempo – c'um eloquente jogo de cadeiras – a me incitar pro pega*

"o mocinho é grandioso em tudo ... fascistão!"

... ela desatou sua sentença em dois tons, claramente distintos, e o que tinha no primeiro de forçada zombaria, aí enroscada uma ferina ponta de malícia, tinha de conclusiva seriedade no segundo, aí enroscado um fiapo da ofendida, e eu com isso embora tremendo, fui avançando mais seguro, tomando ao mesmo tempo fôlego sem que ela percebesse e, como eu recuperasse aquela calma (nervosa por dentro) de cada palavra, eu arrisquei ainda

"só uma pergunta: sabe qual é a minha opinião a teu respeito, comparada comigo mesmo?"

"você é incapaz, absolutamente incapaz de ter opinião ... desembucha logo, seu delinquente"

"confesso que em certos momentos viro um fascista, viro e sei que virei, mas você também vira fascista, só que você vira e não sabe que virou porque ... não há nada que esteja mais em moda hoje em dia do que ser fascista em nome da razão" ... *eu só sei que chamei aqui inteiro e, decidido, dei outro passo à frente e sapequei*

"tipos como você babam por uma bota, por uma pata" *eu disse dispondo com perfeito equilíbrio a ambivalência da minha suspeição – a vontade de poder misturada à volúpia da submissão – mas versátil, versátil a jovenzinha, atirou pra dentro do carro a bolsa a tiracolo e apoiou as mãos na lata como se me chamasse para o tapa, e era evidente o que ela queria, mas eu não queria dar nela* "você acha que estou nessa de te surrar, hem imbecil?"

... e associando tudo isso do seu jeito, ela reagiu que nem faísca, e foi metálico, e foi cortante o riso de escárnio

"bicha!"

Em certos momentos fica mais evidente o aprisionamento da alma do personagem narrador, privado do acesso à reflexão. Assim é, por exemplo, quando ele menciona o quanto o escárnio de sua parceira o desestabiliza. A cadeia associativa de conteúdos de um complexo pode ser acionada quando surge um conteúdo ou um afeto que, de alguma forma, evoca e ilumina a lembrança da experiência que inaugurou aquele núcleo. Por isso o complexo também é chamado de *trauma* na psicologia analítica, pois é constelado pela evocação de uma experiência traumática, de um "ponto sensível"[3]. O trauma se dá diante de uma ocorrência que é inusitada, para a qual a psique não se sente preparada.

eu só sei que aí a coisa foi suspensa, o circo pegou fogo (no chão do picadeiro tinha uma máscara), minha arquitetura em chamas veio abaixo, inclusive os ferros da estrutura, e eu me queimando disse "puta" que foi uma explosão na boca e minha mão voando outra explosão na cara dela, e não era a bofetada generosa parte de um ritual, eu agora combinava intencionalmente a palma co'as armas repressivas do seu arsenal (seria sim no esporro e na porrada!), por isso tornei a dizer "puta" e tornei a voar a mão,...

Há uma violência em potencial entre o casal que o desenrolar da briga estimula, expressa no relato do narrador. A reação do homem à expressão da mulher, que por sua vez

3. Expressão também usada por Jung para se referir ao complexo.

ele interpreta como uma pretensa superioridade, o deixa muito irritado; já faz parte da instalação da cólera. Ao ver-se como objeto de escárnio da mulher, o homem sente-se tão atacado como se participasse de uma verdadeira guerra.

Eu só sei que pra cobrir a fúria da arrancada do seu carro eu quase estourei a boca com o meu "foda-se"..."puta-que-pariu todo mundo!", *rasgando o peito, rebentando c'oa jugular, me regalando grandemente co'a volúpia do meu escândalo, ... eu berrava* "fodam-se" "fodam-se" "fodam-se"... *e com isso ia pondo pra fora o bofe, a carniça e o bucho, enquanto via surpreso e comovido o meu avesso ...*

Depois ainda de muitas provocações mútuas, o espezinhamento da parte dele calcado na atração que ele exerce sobre a jornalista e o revide que acaba recebendo, com a partida dela o chacareiro consome ainda o combustível que o anima. A exacerbação do complexo num agigantamento o exaspera e o impulsiona como a um projétil. Na falta do objeto que o afeta o homem generaliza o foco.

mas em vez de me entregar a estripulias de regozijo, fiquei um tempo ali parado, olhando o chão como um enforcado, o corpo, enroscado nas tramas da trapaça, estraçalhado nas vísceras pela ação do ácido, um ator em carne viva, em absoluta solidão – sem plateia, sem palco, sem luzes ... eu só sei que de repente me larguei feito um fardo, acabei literalmente prostrado ali no pátio, a cara enfiada nas mãos, os olhos formigando, me sacudindo inteiro numa tremenda explosão de soluços (eram gemidos roucos que eu puxava lá do fundo), até que meus braços foram apanhados por mãos rústicas e pesadas, a dona Mariana de um lado, o seu Antônio do outro ... os dois tentando me erguer do chão como se erguessem um menino.

Quando a frequência de onda do complexo finalmente cai e ele deixa a psique do narrador protagonista, cessam as motivações e a emoção pertencentes a ele. Vem a sensação de prostração, vicissitude que frequentemente acomete a pessoa depois da possessão de um complexo de grande envergadura.

*

A psicologia junguiana situa o ser humano com a revelação da descoberta empírica de que a psique humana é múltipla, formada por muitas partes inconscientes, diferentes entre si, enquanto com uma só parte que é consciente o indivíduo que busca se conhecer tem a chance de fazê-lo, aceitar-se e conviver com a manifestação das diferentes faces de sua personalidade. Essa é a possibilidade de se ter a experiência da alteridade em si próprio; ao conhecer o outro em mim, fica possível aceitar o outro fora, o meu próximo que é sempre totalmente diferente de mim.

Referências bibliográficas

NASSAR, Raduan (1992/2017). *Um copo de cólera.* 5ª ed. São Paulo: Companhia da Letras.

JUNG, Carl Gustav (1971). Considerações gerais sobre a teoria dos complexos. In OC vol. VIII/2. Walter Verlag, AG, Olten, Rio de Janeiro, Petrópolis: Vozes.

LÉVINAS, Emmanuel. *Entre nous, essais sur le penser-à-l'autre.* Paris: Livre de Poche, 2010.

PERRONE, Maria Paula M. S. Bueno. *Complexo: conceito fundante na construção da psicologia de Carl Gustav Jung.* Tese de Doutorado apresentada ao Instituto de Psicologia da USP, 2008.

Capítulo 7

O EU E OS OUTROS EUS: O CÉU ESTRELADO DE CARL JUNG E FERNANDO PESSOA

Irene Gaeta

Este ensaio busca lançar um breve olhar sobre dois grandes gênios: Carl Jung e Fernando Pessoa. Personalidades complexas que também possuem algo comum a todos nós: a difícil tarefa de dialogar com o "outro em mim", que atordoa, enlouquece, gera neurose, na atuação dos complexos, desde sempre.

No entanto, para Fernando Pessoa, isso se transforma em arte e, para Jung, em ciência, psicologia. Jung descreveu os complexos (ou os outros Eus) quando trabalhava com o experimento de associação.

Já Fernando Pessoa criou seus heterônimos e estabeleceu oposições entre Alberto Caieiro, o pastor, e Álvaro de Campos, o engenheiro. Ao fazer o mapa astral dos heterônimos, Pessoa considera o céu estrelado de ambos também condizente com a diferença de propósito de cada um.

Os complexos do inconsciente nos invadem quando menos esperamos, e essa dinâmica, decorrente do impulso de individuação, pressiona para a conscientização dos conteúdos inconscientes. Ela tem como objetivo e consequência revelar o que menos gostamos em nós mesmos, o lado obscuro denominado, por Jung, de sombra. Por definição, sombra é aquilo que o outro vê claramente para nosso desespero. Causador de sofrimento, vergonha, raiva etc. Entretanto, depois de muito sofrer, é possível integrar na consciência esses conteúdos, e nos livrarmos de sua influência.

De alguma maneira misteriosa, os outros eus têm para esses homens uma posição diferente, eles usaram de forma criativa o que em nós pode ser devorador; transformaram em criação, em luz.

"O céu estrelado do nosso nascimento" é o céu interior acolhedor, os "fatores psíquicos" e representa o eco da nossa relação com o universo e com os símbolos, tradutores que deixam acessível o universo psíquico interno.

No momento do nascimento, uma peça celestial específica se desenrola no céu sobre o local de nascimento. Para compreender esse espaço, vamos descrever os atores, os planetas que habitam o palco celestial. Ele tem formato de círculo, de uma mandala, pois os planetas se movem de maneira circular.

A Lua tem como símbolo a sensibilidade e a intuição (passiva). Ela fecha seu ciclo em 28 dias. Enquanto o Sol, senhor do ego (ativo), tem um ano como duração de sua trajetória. Já Plutão, senhor das profundezas e das trevas, fecha sua trajetória em torno do Sol em nada menos que 248 anos.

O palco celeste está dentro de nossa alma, habitando o que somos. Os planetas são como entidades, nós os vivenciamos diariamente, eles são perceptíveis a nós quando escutamos os diálogos travados em nosso interior.

Jung nomeou-os de arquétipos e, se tiramos uma foto do céu do nascimento, teremos o mapa de nossa alma, também chamado mapa astral.

Para compreendermos melhor, é necessário apresentar os atores desse mapa, os planetas. Esses símbolos são metáforas dos dramas interiores, das vozes internas que povoam nossa alma.

O Sol – Identidade, ativo (Senhor do Ego)
A Lua – Sensibilidade intuitiva, passiva
Mercúrio – Sociabilidade, receptividade, comunicação
Marte – Ação, dinâmico
Vênus – Estética, refinamento, o amor
Júpiter – Crescimento, grandes alcances, conhecimento
Saturno – Restrição, estrutura
Urano – Libertador, "aquele que rompe barreiras"
Netuno – Inspirador, artístico
Plutão – Profundezas

Para Laurence Hillman (2013, p. 106)

> A astrologia arquetípica – um dos campos de astrologia – postula duas coisas:
>
> - Primeiro, que os planetas são arquetípicos por natureza e representam experiências universais que todos compartilhamos.

- Segundo, o drama celestial que estava constelado sobre você no momento de seu primeiro suspiro continua a atuar em seu palco interior por toda sua vida.

A primeira premissa é fundamentada na visão de mundo de que a natureza não é uma matéria morta da qual estamos separados, mas sim uma matéria animada e repleta de alma.

O Cosmo é deslumbrante para o poeta e, de modo particular, os planetas nessa visão de mundo também o são. Os astrólogos, diferentemente dos astrônomos, têm interesse na significação poética dos planetas. Assim, Vênus (o planeta do amor) não se restringe à beleza humana, mas aparece em objetos e atos cotidianos.

Já a segunda premissa é baseada na ideia filosófica do universalismo. Na astrologia não há separação, não estamos à parte do cosmo nem de nada. Somos um todo.

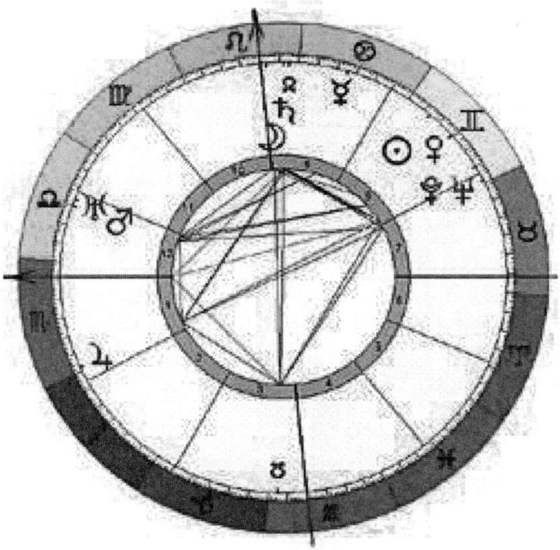

Fernando Pessoa

Fernando António Nogueira Pessoa nasceu em Lisboa, Portugal, em 13 de junho de 1888 e foi um dos poetas e personalidades mais importantes do país. Brilhante escritor e pensador, ensaísta, inventor, filósofo, dramaturgo, tradutor, publicitário, astrólogo, empresário, correspondente comercial, crítico literário e comentarista político. Teve a infância complicada e marcada por mortes familiares. Escreveu seu primeiro poema aos seis anos intitulado "*À Minha Querida Mamã*", além de diversas obras, no entanto publicou apenas quatro delas: 35 Sonnets (1918), Antinous (1918), English Poems (1921) e Mensagem (1934). Escreveu dezenas de outras obras em outras línguas (inglês, português e francês).

Além disso, foi responsável pela criação de diversos heterônimos, sendo os mais famosos Ricardo Reis, Alberto Caeiro e Álvaro de Campos. Faleceu em 30 de novembro de 1935, aos 47 anos. Em seu leito de morte, sua última frase foi escrita, datando de 29 de novembro de 1935: "*I know not what tomorrow will bring*" (Não sei o que o amanhã trará).

Ele é frequentemente tido como exemplo dos nascidos sob o signo de Gêmeos. Um signo racionalista, comunicativo, inquieto, vivo, inconstante, versátil, curioso, instintivo, mutável. Pessoa tem a Lua em Leão e ascendente em Escorpião.

O "outro eu" em Fernando Pessoa se transformou em heterônimos, aqui vamos destacar dois dos muitos eus com os quais ele dialogou, transformando-os em poetas:

Vejamos aqui a diversidade de outros Eus presente na

criação genial de Alberto Caeiro, com sua personalidade singular, e com céu estrelado próprio, e divergente da constelação do céu de Fernando Pessoa.

Alberto Caeiro

Não sei o que é conhecer-me. Não vejo para dentro.
Não acredito que eu exista por detrás de mim

Mais famoso dos heterônimos de Fernando Pessoa, Alberto Caeiro da Silva é com frequência chamado de "Mestre dos Heterônimos" e do próprio Fernando Pessoa. Nascido em 16 de abril de 1889, em Lisboa, era um poeta da natureza, desprezando qualquer tipo de pensamento filosófico. Autodenomina-se um antimetafísico. Ele diz que, ao pensar, entramos num mundo complexo e problemático, no qual tudo é incerto e obscuro. Apresenta-se como um simples "guardador de rebanhos", que só se importa em ver de forma objetiva e natural a realidade. A grande simplicidade é uma característica forte e define que a sensação é a única realidade. Escreveu 104 poemas, publicados em *Guardador de Rebanhos* e *O Pastor Amoroso.* Faleceu em 1915, com 26 anos.

Toda sua obra e biografia foi elaborada por seu autor, Fernando Pessoa que também desenhou seu mapa astral. Ariano, um signo persistente, impulsivo, bruto, confiante, impaciente, dinâmico e aventureiro. Sua Vênus e seu Marte estão em Touro.

Abaixo está o mapa feito pelo próprio Fernando Pessoa, que também era astrólogo. E de forma surpreendente conseguiu tecer um céu particular para descrever este outro Eu dentro de si, e que denominou Alberto Caieiro, como se pudesse experimentar seu mundo interior de outro céu, de outro lugar, de outra morada que não sua própria.

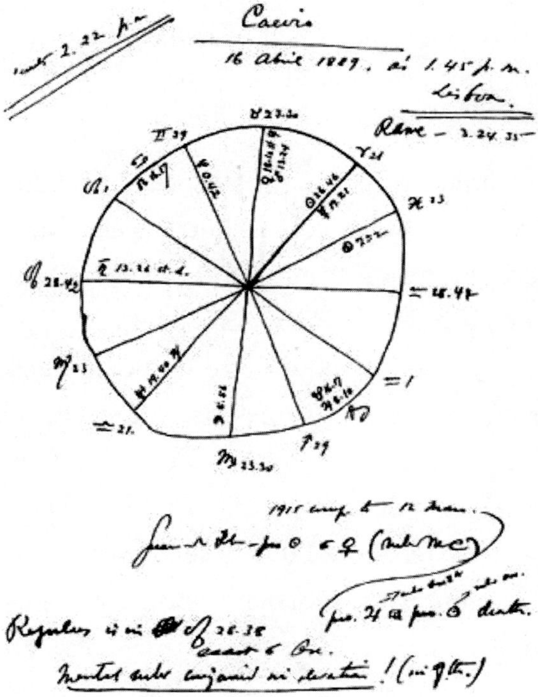

Ainda como exemplo da versatilidade de Fernando Pessoa, como um artista plástico, ele consegue pintar outro Eu com uma nova personalidade antagônica, a sua própria e a de seu heterônimo Alberto Caeiro. Apresentamos agora o próximo personagem, também com seu próprio céu estrelado nascido do interior de Fernando Pessoa:

Álvaro de Campos

Não sou nada. Nunca serei nada.
Não posso querer ser nada.
À parte, tenho em mim todos os sonhos do mundo.

Álvaro de Campos, outro dos ilustres heterônimos de Fernando Pessoa, tendia mais ao modernismo e futurismo. Ele nasceu em 15 de outubro de 1890, na cidade de Tavira, em Portugal, sendo um discípulo de Alberto Caeiro. Esse heterônimo é descrito como "o filho indisciplinado da sensação e para ele a sensação é tudo. Faz da sensação a realidade da vida e a base da arte. O eu do poeta tenta integrar e unificar tudo o que tem ou teve existência ou possibilidade de existir". Pessoa escreveu sua biografia e afirmou que Álvaro era um engenheiro de educação inglesa e de origem portuguesa, mas sempre com a sensação de ser um estrangeiro em qualquer parte do mundo. Além disso, disse, em relação a Álvaro: "eu fingi que estudei engenharia. Vivi na Escócia. Visitei a Irlanda. Meu coração é uma avozinha que anda pedindo esmola às portas da alegria". Ele faleceu em 1935. Nascido sob o signo de Libra, tem como característica ser observador, expressivo, indeciso, cativante, sociável, expressivo e determinado.

Com esses dois heterônimos Fernando Pessoa dialogou e buscou concretizá-los, conferindo-lhes um céu estrelado e muitos poemas. Segue agora o mapa astral realizado também por Pessoa, mostrando claramente a plasticidade em dialogar com o outro Eu.

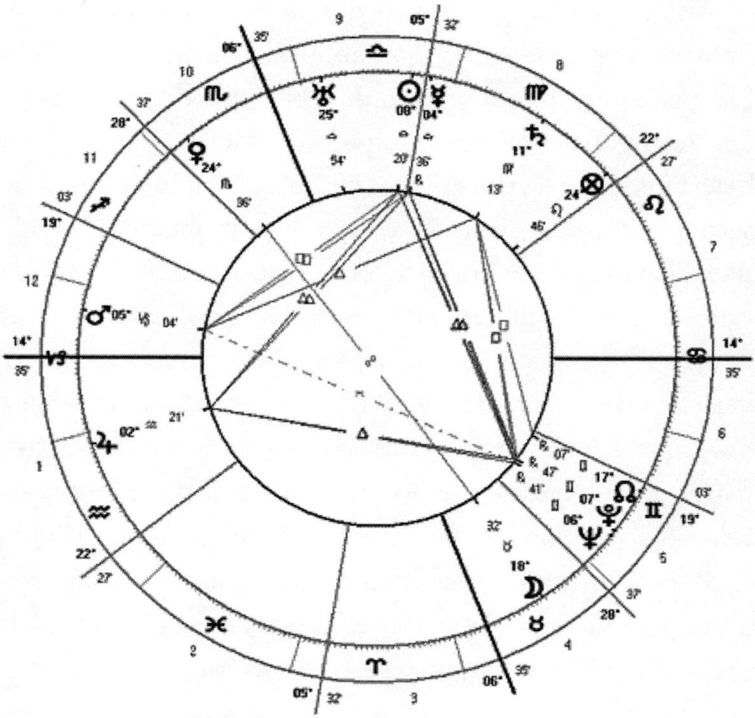
9
05°
32'
06°
35'
10
8
28°
37'
11
03'
19°
22°
27'
12
7
14°
35'
14°
35'
6
1
03'
19°
5
22°
27'
37'
28°
2
4
06°
35'
05°
32'
3
25°
54'
08°
20'
04°
36'
11°
13'
24°
46'
24°
36'
05°
04'
02°
21'
17°
07°
06°
18°
32'

Carl Gustav Jung

Uma vez que os arquétipos são relativamente autônomos como todos os conteúdos numinosos, não se pode integrá-los simplesmente por meios racionais, mas requerem um processo dialético(...)em forma de diálogo

(Carl Gustav Jung OC Vol. IX/I, §85)

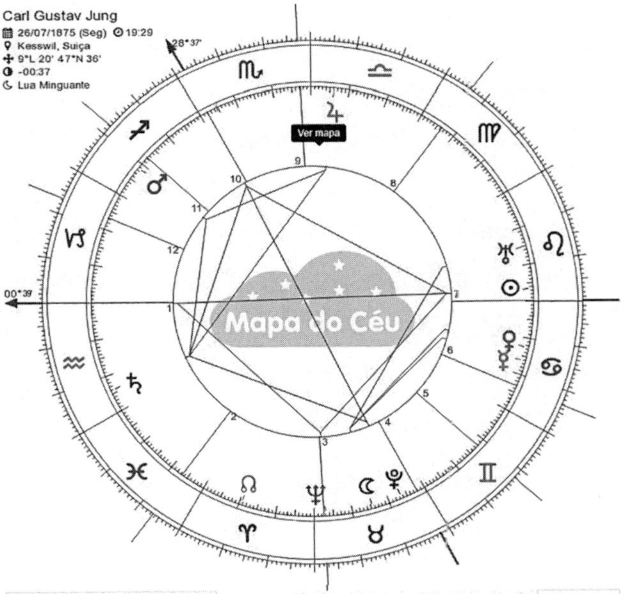

Declinação		Longitude	C	Dig
19° N 25'	☉	03° ♌ 18'	7	Domi.
19° N 14'	☽	15° ♉ 29'	3/4	Exal.
20° N 31'	☿	13° ♋ 46'	6	
22° N 33'	♀	17° ♋ 29'	6/7	
27° S 53'	♂	21° ♐ 22'	11	
08° S 09'	♃	23° ♎ 47'	8/9	
14° S 44'	♄	24° ♒ 11' R	1	Domi.
17° N 01'	♅	14° ♌ 48'	7	
10° N 52'	♆	03° ♉ 02'	3	
04° N 48'	♇	23° ♉ 30'	4	
04° N 19'	☊	10° ♈ 55' R	2	

Casas Topocêntricas	HSL: 15:45:33	
Asc 00° ♒ 39'	2 24° ♓ 14'	3 03° ♉ 18'
MC 28° ♏ 37'	11 18° ♐ 29'	12 07° ♑ 26'

		☽	☿	♀	♂	♃	♄	♅	♆	♇	Asc	MC
	☉	//							□		☍#	△#
☽		☽	∗	∗				□		☌	#	#
☿		2s	☿	☌							#	#
♀		2a	4s	♀								
♂					♂	∗	∗					
♃					2s	♃	△					
♄					3a	0a	♄			□		□
♅		1s						♅				
♆	0s								♆		□	
♇		8a					1a			♇		☍
Asc	3a								2a		Asc	
MC	5a						4s			5s		MC

Pontuação	
Fogo	6
Terra	4
Ar	5
Água	5
Cardeal	5
Fixo	13
Mutável	2
Positivo	11
Negativo	9
Quente	100
Frio	65
Úmido	60
Seco	85

Carl Gustav Jung, o fundador da psicologia analítica, nasceu em 26 de julho de 1875, na Suíça. Concluiu os estudos em Medicina na Universidade da Basileia e dedicou sua vida ao estudo da psique humana. Psiquiatra e psicoterapeuta, foi uma das mentes que mais influenciou o século XX. Inúmeros livros, estudos e teses foram publicados por Jung. Faleceu em 6 de junho de 1961.

O mapa astral de Jung mostra seu Sol em Leão; Mercúrio e Vênus em Câncer; Ascendente em Aquário. Lua em Touro; Marte em Sagitário; Júpiter em Libra e Saturno em Aquário, sendo Mercúrio o planeta mais forte. Possuía em sua essência a preocupação em cuidar dos outros e uma combinação de energias muito interessante, especialmente se compararmos sua técnica, que envolvia análise de sonhos, signos, símbolos e sincronicidades, com Mercúrio em Câncer e Marte em Sagitário. A explicação para isso vem através das emoções e imaginação.

Fernando Pessoa e Carl Gustav Jung tinham o Mercúrio em Câncer, isso pode significar que conseguiam trazer a imaginação e a percepção da intimidade da alma para a escrita. Ambos conseguiam fazer uma descrição bastante aprofundada dos aspectos emocionais da psique. Poderíamos falar de vários outros aspectos, pois são inúmeras as estrelas do céu de ambos, no entanto, vamos nos deter apenas a um único aspecto, seu Mercúrio em Câncer.

Será apresentado aqui um apontamento de Fernando Pessoa (1980). Poderíamos dizer que ele tem grande similaridade com o processo psicoterapêutico, o olhar sobre o símbolo; a sensibilidade latente nos aproxima do processo psicoterapêutico descrito por Jung.

Para Fernando Pessoa (1980), o entendimento do simbólico, exige do intérprete que possua cinco qualidades ou condições, sem as quais os símbolos serão para ele mortos, e ele um morto para eles.

> A primeira é a **simpatia: não direi** a primeira em tempo, mas primeira conforme vou citando, e cito por graus de simplicidade. Tem o intérprete que sentir simpatia pelo símbolo que se propõe interpretar. A atitude cauta, a irônica, a deslocada – todas elas privam o intérprete da primeira condição para poder interpretar.
>
> A segunda é a **intuição:** a simpatia pode auxiliá-la, se ela já existe, porém não criá-la. Por intuição se entende aquela espécie de entendimento com o que se sente o que está além do símbolo, sem que se veja.
>
> A terceira é a **inteligência:** a inteligência analisa, decompõe, reconstrói noutro nível o símbolo: tem, porém, que fazê-lo depois, que no fundo, é tudo o mesmo. Não direi erudição, como poderia no exame do símbolo, é o de relacionar no alto o que está de acordo com a relação que está embaixo. Não poderá fazer isto se a simpatia não tiver lembrado essa relação, se a intuição não a tiver estabelecido. Então, a inteligência de discursiva que naturalmente é, se tornará analógica, e o símbolo poderá ser interpretado.
>
> A quarta é a **compreensão:** entendendo por essa palavra o conhecimento de outras maté-

rias, que permitam o símbolo seja iluminado por várias luzes, relacionado com vários outros símbolos, pois, que, no fundo, é tudo o mesmo. Não direi erudição, como poderia ter dito, pois a erudição é uma soma; nem direi cultura, pois cultura é uma síntese; e a *compreensão é uma vida.* Assim certos símbolos não podem ser bem entendidos se não houver antes, ou no mesmo tempo, o entendimento de símbolos diferentes.

A quinta é menos definível: direi talvez, falando a uns que é a **Graça,** falando a outros que é a Mão do Superior Incógnito, falando a terceiros que é o Conhecimento e a Conversação do Santo Anjo da Guarda; entendendo cada uma destas coisas, que são a mesma, da maneira como as entendem aqueles que delas usam, falando ou escrevendo.

Jung, em *A Prática da Psicoterapia OC Vol. XVI/2*, assim descreve o processo psicoterapêutico:

> Devido à extrema diversidade das tendências da nossa psicologia, é imenso o esforço que temos que fazer para sintetizar os pontos de vista. Faço, portanto, esta tentativa de dividir as propostas e o trabalho em classes, ou melhor, em etapas, com a reserva expressa de que se trata de um empreendimento provisório, que poderá ser taxado de arbitrário, tão arbitrário, digamos, como estender uma rede trigonométrica sobre umpaís. Em todo caso, vou arriscar-me a enfocar o resultado global em quatro etapas: **a confissão**, o **esclarecimento**, a **educação** e a **transformação.** (p. 53)

Jung, ao analisar todo material onírico, faz a mesma compreensão que Fernando Pessoa ao buscar a assimilação dos símbolos. Não com a compreensão intelectual que para Jung é destrutiva, pois compreender (*comprehendere*, em latim) significa "apoderar-se", agarrar, correspondendo assim a um exercício de poder.

> Quando o ser e o destino do paciente estão em risco, devemos nos relacionar com seu mistério único com respeito mudo. Como disse Jung: Precisamos compreender o divino que existe em nós, mas não o que existe em outra pessoa na medida em que ela é capaz de ir em frente e compreender sozinha (Von Franz, 1990, p. 19).

Para Jung, a Imaginação Ativa foi um método de diálogos com os outros eus dentro dele, e foi no diálogo com o mundo interior mediado pela **imaginação ativa** que, ao dar voz aos personagens internos, foi possível tecer sua vasta teoria, ou os caminhos de si mesmo. Ele transforma esse diálogo em uma técnica de psicoterapia, levando-a para seus analisandos.

Propõe assim um caminho de transformação em que é possível a nós (simples mortais) trilhar um caminho pessoal de encontro consigo mesmo, Individuação é o não dividido, é o ser uno, uma tentativa de unificar e integrar esses vários eus.

Portanto, assim concluímos o que talvez seja o aspecto mais importante da imaginação ativa: ela é uma forma de dialogar com o inconsciente. Assim como a interpretação correta de um sonho, se não for apenas intelectual, provoca uma mudança na personalidade consciente, assim afetando o inconsciente. A imaginação ativa, ao contrário, põe uma

"THE PASSAGE IN PASSO ROBLES"
Tinta acrílica sobre tela
180 X 140 cm
© 2014 - Antonio Peticov

chave em nossas mãos: ao menos dentro de uma estrutura modesta, ela permite que nos organizemos. "[...] Por este motivo, representa um meio inestimável que o analisando tem nas mãos para ir se tornando menos infantilmente dependente do analista (FRANZ, 1999, p. 171).

Os diálogos descritos no livro vermelho mostram como os diálogos realizados na imaginação ativa foram importantes na compreensão deste processo.

Segue um trecho do Livro Vermelho (JUNG, 2010), que ilustra também a profundidade desse diálogo:

"THE PASSO ROBLES LINK"
tinta acrílica sobre tela
180 X 140 cm
©2016 - Antonio Peticov

Nox tertia[1] - Cap. xvi.

[IH 108] [2]Minha alma sussurrou-me insistente e medrosamente: "Palavras, palavras, não faças palavras demais. Cala-te e escuta: Tu reconheceste tua loucura e a admites? Viste que todas as tuas profundezas estão cheias de loucura? Não queres reconhecer tua loucura e dar-lhe amáveis boas-vindas? Tu querias certa vez aceitar tudo. Aceita então também a loucura. Deixa que brilhe a luz de tua loucura, e deverá nascer para ti uma grande luz. Não se deve desprezar nem temer a loucura, mas deves dar-lhe a vida".

Eu: "Tuas palavras soam duras, e difícil é a tarefa que me colocas".

A: "Se queres encontrar caminhos, não deves também rejeitar a loucura, uma vez que ela constitui tão grande parte de tua natureza",

1. Terceira noite.
2. 18 de janeiro de 1914.

> Eu: “Não sabia que era assim”.
>
> A: “Alegra-te que o possas reconhecer, assim evitas ser sua vítima. A loucura é uma forma especial de espírito que adere a todas as teorias e filosofias, mais ainda à vida de todo dia, pois a própria vida está cheia de tolices e é essencialmente irracional. O ser humano só luta pela razão a fim de que possa criar regras para si. A vida mesma não tem regras. Este é seu segredo e sua lei desconhecida. O que tu chamas de conhecimento é uma tentativa de impor à vida algo compreensível”.

Portanto, um breve olhar sobre Carl Jung e Fernando Pessoa dialoga com o “outro em mim”, a base é o céu estrelado, os planetas. Eles correspondem à matéria do que somos feitos, eles estão relacionados à vida e obra dos dois gênios. Quer o homem compreenda ou não o mundo dos arquétipos, deverá permanecer consciente do mesmo, pois nele o homem ainda é natureza e está conectado com suas raízes.

Referências bibliográficas

FRANZ, M. L. *Psicoterapia*. São Paulo: Paulus, 1999.

HILLMANN L. Astrologia Arquetípica: uma introdução. *Cadernos Junguianos*, n. 9, São Paulo, 2013.

JUNG, C. G. *O Livro Vermelho*: Liber Novus. Petrópolis: Vozes, 2010.

______. *A Prática da Psicologia.* Contribuições ao problema da psicoterapia e a psicologia da transferência. Petrópolis: Vozes. OC Vol. XV/1.

______ Os arquétipos e o inconsciente coletivo. Petrópolis: Vozes. OC Vol. IX/1.

PESSOA, Fernando, *O eu profundo e outros eus.* 8. ed. Rio de Janeiro: Ed. Nova Fronteira, 1980.

______. *O poeta fingidor.* São Paulo: Globo, 2009.

Imagem 1: https://astrodestino.com.br/category/mapa-astral/ . Acesso em 12.05.2019

Imagem 2: https://astrodestino.com.br/nodos-lunares-o-caminho-do-espirito-karma-ou-carma/. Acesso em 12.05.2019

Imagem 3: https://www.deldebbio.com.br/mapa-astral-de-fernando-pessoa/. Acesso em 12.05.2019.

Imagem 4: http://cova-do-urso.blogspot.com/2008/04/mapas-de-fernando-pessoa-e-seus.html. Acesso em 12.05.2019.

Imagem 5: https://www.constelar.com.br/mapasdobrasil/resposta.php?ident=alvaro%20de%20campos. Acesso em 12.05.2019.

Capítulo 8

NIKKEI[1], UM BRASILEIRO ALIENÍGENA[2]

Elizabeth Yuko Haga

Introdução

Pode parecer estranho pensar que exista preconceito, discriminação ou estigmatização em relação aos brasileiros que descendem dos imigrantes japoneses. Afinal, a impressão primeira causada por essas pessoas costuma ser positiva, pois são vistas como inteligentes, honestas, confiáveis, trabalhadoras incansáveis e que entendem muito de tecnologia.

Minhas motivações para uma pesquisa com esta temática são bem antigas. Como neta de imigrantes japoneses, nascida e criada no Brasil, desde muito cedo vivi um

---

1. *Nikkei* ou *Nikkey* - denominação genérica dada ao descendente de japoneses que vive fora do Japão.

2. Texto baseado na pesquisa realizada para a dissertação de mestrado em Psicologia Clínica – Núcleo de Estudos Junguianos – Pontifícia Universidade Católica de São Paulo PUC/SP – 2018.

sentimento muito difuso e inominável de estranhamento e de não pertencer a lugar algum. Aos poucos, fui percebendo que esse sentimento também estava presente em algumas pessoas da família e outros conhecidos de origem nipônica.

Quando adulta, a prática clínica foi trazendo pacientes nipo-brasileiros que chegavam com indícios desse mesmo sentimento. Independentemente das queixas que os levavam a buscar ajuda terapêutica, muitos relatavam ter uma espécie de sentimento de inadequação, o que me levava a pensar se isso não poderia estar relacionado com inadaptações culturais, ainda que indiretamente e num nível muito inconsciente.

A primeira oportunidade de estudar o tema foi a monografia requerida para a obtenção do título de especialista em abordagem junguiana. Porém, como se trata de um assunto de vasta envergadura, necessita ser estudado fracionadamente. Então, nessa monografia (HAGA, 2005) foi possível apenas levantar alguns aspectos relacionados à formação da identidade no contexto da imigração japonesa ao Brasil.

Anos mais tarde, tive a segunda oportunidade de abordar o mesmo objeto. Porém, desta vez sob outra óptica: a da discriminação e do preconceito em relação aos nipo-descendentes. Assim, para a dissertação de mestrado (HAGA, 2018) realizei uma nova pesquisa junto a brasileiros de ascendência japonesa.

Presença Japonesa no Brasil

Apesar de 110 anos de convivência, esta nem sempre se deu de forma pacífica. A princípio, os japoneses não eram considerados adequados, tanto do ponto de vista político como racial (TAKEUCHI, 2008), opinião que foi maximizada pela guerra russo-japonesa (1904-1905) e também devido a conflitos que ocorreram nos Estados Unidos, envolvendo trabalhadores japoneses e brancos.

Com a imigração[3], houve um impacto inicial mútuo, devido às grandes e visíveis diferenças fenotípicas, de linguagem e culturais. Desde tempos imemoriais, o forasteiro, aquele que vem de longe, configura uma ameaça à *minha* integridade, aos *meus* valores. Assim, os imigrantes japoneses trouxeram inquietação aos brasileiros, ao mesmo tempo em que também receavam a população nativa.

Posteriormente, no período da Segunda Guerra Mundial (1939-1945) o 'antiniponismo' se intensificou, depois que o Brasil rompeu relações diplomáticas com os países do Eixo (Japão, Alemanha e Itália), perseguindo os estrangeiros e proibindo-os de exercer atividades culturais originais. Com o término da guerra, houve uma série de conflitos entre os japoneses, como o movimento *Shindo Remmei* (MORAES, 2000). Somente depois disso é que houve a possibilidade de retomar o processo adaptativo, por parte das famílias que decidiram aqui permanecer.

---

3. A imigração japonesa ao Brasil teve seu início oficial em 18 de junho de 1908, com a chegada das primeiras famílias a bordo do navio Kasato Maru (SAKURAI, 2007).

Breviário da Pesquisa

Durante o processo de organização da pesquisa, por uma feliz coincidência – ou seria uma sincronicidade[4]? - deparei-me com alguns grupos bastante interessantes através da internet: o 'Coletivo Oriente-se' e o 'Perigo Amarelo'; e o canal de tevê '*Yo Ban Boo*'. Todos esses grupos são formados principalmente por asiáticos e descendentes, e se propõem a questionar a discriminação e o preconceito. Não só em relação à "raça amarela", mas a qualquer tipo de exclusão.

Em 2016, o 'Coletivo Oriente-se' começou a publicar, em redes sociais, vinhetas com cenas em que orientais de ambos os sexos e diferentes idades indagavam o espectador sobre já ter se sentido discriminado, ou ter sido tratado de modo diferente devido a suas feições ou ao seu nome. Esse Coletivo começou como reação a uma novela que estrearia no segundo semestre daquele ano, num importante canal de televisão, cujo enredo era sobre uma família de nipo-descendentes. Os principais personagens orientais dessa novela seriam interpretados por talentosos e famosos atores, mas que, no entanto, não tinham origem asiática.

Imbuída dessa inspiração, finalmente foram delineados com clareza os objetivos e a população que seria selecionada para pesquisa. Desse modo, o principal objetivo foi investigar se o descendente de japoneses se sente ou se já se sentiu como

4. Conceito desenvolvido por Jung (2011a, p. 154[116]): "Por sincronicidade eu entendo [...] a coincidência, não raramente observada, de fatos subjetivos e objetivos, a qual não pode ser explicada causalmente, pelo menos com os meios e conhecimentos de que dispomos atualmente".

alvo de discriminação, preconceito ou estigmatização devido à sua ascendência. E se este se sente mais identificado/inserido em alguma das duas culturas (japonesa ou brasileira).

A primeira ideia foi selecionar apenas *sanseis*[5] (netos de imigrantes), pois talvez por estarem um pouco mais distanciados dos momentos iniciais do processo de adaptação ao Brasil, poderiam ter mais clareza de suas experiências em relação à geração que os antecedeu.

No entanto, alguns *nisseis*[6] (filhos de japoneses) interessaram-se em participar da pesquisa. E outros, que se consideravam *sanseis* descobriram ser *nisseis* no momento da entrevista, que foi pautada em critérios "oficiais" de uma sociedade estritamente patriarcal. Então, estes foram incluídos, pois abria a possibilidade de comparação entre as gerações.

Foram escolhidas pessoas na faixa etária de 50 a 65 anos, independente de nível sócio econômico e de escolaridade, assim como de estado civil e de orientação sexual. Porém, excluíram-se pessoas que tivessem ascendência mista[7] e as que tiveram experiência como *dekassegui*[8], pois tais características poderiam gerar conteúdos e/ou variáveis incompatíveis com o estudo pretendido.

---

5. *Sansei* – neto/neta de imigrante japonês.

6. *Nissei* – filho/filha de imigrante japonês.

7. Pessoas nascidas de união de descendentes com não descendentes de japoneses, tanto de seus pais como de seus avós.

8. *Dekasseguis* - Pessoas que trabalham/trabalharam temporariamente no Japão.

A escolha dessa faixa etária deveu-se a uma certa expectativa de que entre pessoas mais maduras, houvesse a possibilidade de elaboração sobre determinadas questões inerentes à existência humana. Nessa faixa, elas provavelmente já teriam ultrapassado a crise da *metanoia*, momento em que há uma retomada de posição na vida (JUNG, 2011) e, portanto, poderiam ter tido mais chances/condições para fazer reflexões a respeito do tema pesquisado.

De acordo com Jung:

> elas têm uma capacidade de absorver conhecimento muito acima do esperado, por mais que justamente essas pessoas sólidas, amadurecidas pela experiências de vida, sejam as que mais se defendem contra uma visão exclusivamente redutiva (Jung, 2012, p.74).

Como se tratava de uma pesquisa quali-quanti, a amostra foi pequena (31 participantes) e viciada[9], coletada no universo de minhas redes sociais e seus desdobramentos (solicitei que meus contatos divulgassem em suas respectivas redes). De qualquer maneira, eram homens e mulheres, cujas características principais foram: um alto nível de escolaridade (superior ou pós-graduação); possuíam parceiros (namoravam ou estavam casados/em relação estável); e estavam domiciliados na capital e grande São Paulo, com a média de 50,1 anos de residência no local.

9. Em Estatística, na amostra viciada os atributos da população estudada não estão representados proporcionalmente ou na frequência em que ocorrem na realidade.

O contato com essas pessoas foi extremamente rico e muito surpreendente em diversos aspectos. Em minha prática clínica, não tenho pacientes *nikkeis* como maioria numérica, então foi bastante curioso observá-los desse modo 'concentrado'. O local das entrevistas, variou segundo a disponibilidade dos participantes. Ofereci meu consultório particular, mas houve a opção de eu ir até suas residências, locais de trabalho, ou onde lhes fosse mais conveniente. Algumas poucas entrevistas foram feitas com a utilização de meios eletrônicos (*Skype*, *Whatsapp*).

As entrevistas tiveram a média de uma hora e meia de duração. O que considerei bastante positivo, pois os participantes parecem ter se sentido à vontade para discorrer sobre um assunto que, para muitos deles, nunca foi muito conversado com seus pares. Ou foi a rememoração de momentos desagradáveis e/ou dolorosos, de situações engraçadas ou risíveis, embora já tivessem sido experienciadas como trágicas. Existe a possibilidade do fato da pesquisadora também ser *nikkei* haver facilitado um contato empático e favorável a essa abertura.

Enfim, as entrevistas comprovaram que existiram experiências de racismo, preconceito e discriminação na vida dessas pessoas, em geral passadas na infância ou adolescência e gerando maior impacto nessa fase de vida, chegando até o início da vida adulta. Esse é um período em que ainda se está desenvolvendo e consolidando a identidade. Muitos participantes atualmente já assimilaram tais experiências e já possuem uma visão mais integrada de sua identidade, embora ainda haja bastante ambiguidade em alguns, quando se trata de 'precisar escolher' entre a cultura japonesa ou a brasileira.

Também não foi possível constatar diferenças significativas entre as gerações. Contudo, chamou bastante atenção, o fato das mulheres mencionarem problemas de autoestima e de desvalorização por serem do sexo feminino, enquanto nenhum dos homens sequer mencionou esses assuntos.

Um achado incomum

No decorrer das entrevistas, deparei-me com alguns descendentes de okinawanos[10] em minha amostra. Nem se cogitou previamente algum tipo de registro diferencial, pois isso não era considerado como uma questão. No entanto, esse fato evidenciou a existência de desavenças/preconceitos mútuos existentes tanto no Japão como no Brasil, entre essa população e os 'descendentes de Tóquio', que é a denominação dada pelos okinawanos aos japoneses. Mas não são todos japoneses?

Tecnicamente sim, são todos japoneses. No entanto não é bem esse o sentimento de muitos. Evidentemente há aqueles que desconheciam essas diferenças, como por exemplo:

---

10. A ilha de *Okinawa* faz parte do arquipélago de *Ryukyu* que foi devolvido ao Japão em 1972, após ter ficado sob jurisdição dos Estados Unidos, desde o término da Segunda Guerra Mundial. Antes, *Ryukyu* era um território independente, incorporado como província japonesa em 1879 (SAKURAI, 2007). Além disso, há inúmeras diferenças linguísticas, culturais e étnicas entre japoneses e okinawanos que servem como motivo de discriminações mútuas.

uma das entrevistadas que era de família okinawana causou bastante desconforto entre as famílias, ao escolher se casar com um 'japonês'. Enfim, como tal achado pertence à temática da pesquisa, foi feito o seu registro, análise e discussão.

Arremate

Reafirmo assim que as migrações e suas consequências têm uma vasta envergadura, enquanto objeto de estudo. Constatei, ao longo do desenvolvimento da dissertação, que felizmente várias pesquisas 'parciais' têm sido feitas neste campo.

Acho essencial ressaltar, que um dos aspectos importantes de minha pesquisa para os dias atuais, reside na necessidade e na urgência de voltar as atenções para a crescente onda de intolerância que parece se avolumar. Que a proximidade do 'outro', do estranho e diferente suscita emoções que podem se tornar extremamente brutais ao lidar com esse.

É necessário que as ciências humanas possam trabalhar cada vez mais, conjuntamente e em sintonia, para auxiliar a instrumentalizar os seres humanos para desenvolverem suas capacidades de convivência e suportabilidade com as diferenças, com o inusitado.

Referências Bibliográficas

HAGA, E. Y. A "cultura samurai" em Terra Brasilis. Um estudo junguiano sobre a identidade do nipo-brasileiro.

Monografia (Especialização em Abordagem Junguiana). COGEAE – PUC/SP, São Paulo, 2005.

_______. *Nikkei: estrangeiro em seu país natal?* Um estudo sobre identidade, estigma e preconceito com filhos e netos de imigrantes japoneses. Dissertação. (Mestrado em Psicologia Clínica). PUC/SP, São Paulo, 2018.

JUNG, C. G. *A energia psíquica.* Vol. 8/1, 12ª ed., Petrópolis: Vozes, 2012.

______. *Símbolos da Transformação.* Vol. 5, Petrópolis: Vozes, 2011.

MORAES, F. *Corações sujos:* a história da Shindo Renmei. São Paulo: Companhia das Letras, 2000.

SAKURAI, C. *Os Japoneses.* São Paulo: Contexto, 2007.

TAKEUCHI, M. Y. A comunidade nipônica e a legitimação de estigmas: o japonês caricaturizado. *Revista USP*, São Paulo: n.79, p.173-182, 2008.

Fontes Eletrônicas

COLETIVO Oriente-se – atores orientais brasileiros – Manifesto. São Paulo, 31 ago. 2016. Disponível em: <http://coletivoorientese.criadorlw.com.br/manifesto>. Acesso em 24-11-2017, 18:43; e: <http://coletivoorientese.criadorlw.com.br/imprensa>. Acesso em 24-11-2017, 18:54.

PERIGO Amarelo. São Paulo, s/d. Disponível em: <https://www.facebook.com/pg/perigoamarelo/about/?re-

f=page_internal>. Último acesso em 09-01-2019, 21:04; e: <https://outracoluna.wordpress.com/?fbclid=IwAR3hbUKkLExDXW3bZtksKHsSLXaIB09SvQuFteqjvBzp6wtABcaXHH0WNMM>. Último acesso em 18-01-2019, 23:39.

YO Ban Boo. Brasil, 18 mai. 2016. Disponível em: <https://www.facebook.com/pg/YoBanBoo/about/?ref=page_internal>. Último acesso em 19-01-2019, 00:14.

Capítulo 9

QUEM DE DOIS TIRA UM ENCONTRA UMA MULTIDÃO

Os outros que nascem em uma mulher com a chegada de um filho

Carmen Lívia Parise

Um menino nasceu. O mundo tornou a começar.
(Guimarães Rosa)

Costuma-se dizer que basta nascer um filho para que nasça uma mãe. Acredito que a mãe comece a nascer antes mesmo que o filho nasça para o mundo externo. Muito do que virá já começa a ser engendrado ali, no escuro e na umidade do mundo de dentro, num útero que começa a se avolumar. Naquele momento, onde vamos perdendo as formas que nos fazem reconhecíveis por nós mesmas, onde somos obrigadas a mudar a relação com o tempo, com o corpo, com o espaço, com a família e, principalmente conosco mesmas. Mas não é apenas no âmbito dos papéis mãe e filho que essa mudança se processa. O que mais me intrigou, ao longo de toda a construção da minha maternalidade, foi o poder transformador que essa vivência impõe nos outros aspectos da vida e da personalidade como um todo.

É para isso que pretendo olhar mais de perto nesse trabalho. Para como se dá essa travessia sem volta, quais as pessoas arquetípicas que nos acompanham ao longo dela, como se dá o nascimento dessas outras pessoas dentro da gente.

Muito já foi dito, pensado e escrito sobre a gestação, o parto e o puerpério, do ponto de vista do desenvolvimento do bebê. O recém-nascido, saído das entranhas físicas e emocionais da mãe ainda faz parte do entorno emocional no qual está submerso, absolutamente conectado com a psique da mãe. Talvez resida aí a função e a importância da desconstrução pela qual a mãe passa para o desenvolvimento do bebê. Para que realmente possamos nos conectar com o bebê, é fundamental que estejamos despidas, inicialmente, de toda construção mental e racional e adentremos o caos fértil onde o bebê está inserido.

Mas como se dá essa desconstrução? De certa forma, poderíamos dizer que a psique da mulher, que começou a desejar ter um filho, já está recebendo um chamado para a ampliação dos seus papéis existenciais para além do lugar de somente filha e esposa. E, nesse sentido, terá de renunciar também ao corpo de menina e depois haverá a renúncia do corpo de grávida. É como se desde então já começasse a operar na mãe um esvaziamento narcísico que, paulatinamente, vai se convertendo num investimento maciço no bebê, que culmina no puerpério. E sem que saibamos, enquanto essa devoção acontece, alguns outros "eus" vão se precipitando em nós. Já na gravidez diz-se da mulher que esta se encontra em um estado de transparência psíquica, como se as fronteiras entre o consciente e o inconsciente estivessem mais permeáveis. Nessa condição, a unidade egoica começa a ser invadida muito mais facilmente por outras imagens, fragmentos do inconsciente, devaneios e fantasias.

As mulheres puérperas sofrem de um descentramento, têm a sensação de enlouquecer, de perder todos os espaços de identificação ou de referência conhecidos; os ruídos são imensos, a vontade de chorar é constante, tudo é incômodo. Acreditam, por vezes, ter perdido a capacidade intelectual, racional. Vivem como se estivessem fora do mundo, dentro do mundo-bebê. E como se houvesse uma identificação regressiva da mãe com seu bebê, uma gestação psíquica como consequência da gestação anatômica. E seria isso que tornaria a mãe capaz de se adaptar às primeiras necessidades do recém-nascido. Além disso, é a partir dessa regressão, que temos, enquanto mães, a oportunidade de nos reformularmos em relação a ideias e conceitos antigos sobre a nossa história já vivida, e também de nos inaugurar perante outros papéis antes não experimentados. Para tanto, é preciso que as mães enlouqueçam um pouco. Para isso elas precisam do apoio daqueles que as amam, que lhes permitam abandonar sem risco o mundo racional, as decisões lógicas, o intelecto, as ideias, a atividade, os horários, as obrigações.

Ao contrário, no mundo de hoje, parece não haver espaço para tal vivência. Ao relatar esse tipo de sensação, muitas vezes, as mães são diagnosticadas com depressão puerperal e, então, medicadas com remédios psiquiátricos, o que pode vir a prejudicar seriamente o vínculo entre mãe e bebê, além de privar a mãe de transformações tão importantes e necessárias.

O mundo anda na velocidade da luz enquanto as mães submergem nas trevas do recolhimento, conservando suas novas formas e pedindo silêncio. A indubitável presença da criança nos obriga a nos conectarmos com a parte feminina de nossa essência e de nossa sexualidade, que é sutil, lenta e sensível. Então volto a perguntar: Qual o telos de tamanho descentramento?

Minha proposição aqui é de que, do ponto de vista da mãe, seja exatamente esse de nos por de frente para a possibilidade de dar à luz quais e quantos outros "eus" desejarmos. Quando nos tornamos mãe e de dentro de nossas vísceras tiramos um outro literal, temos a possibilidade de que essa ruptura corporal se transforme também numa ruptura subjetiva: Ser mãe é, portanto, viver fora do eu, fora de si. Vive-se tanto no corpinho frágil, mas potente do bebê, mas também na hospedaria das diferentes possibilidades arquetípicas que se apresentam. Daí a faceta enlouquecedora da maternidade e a consequente inauguração de um trabalho psíquico duradouro para sustentá-la. As angústias fundamentais da mãe, presentificadas no ato de parir, são da ordem dessa transformação explosiva. Viver fora de si é a mais profunda das alegrias maternas, e também a mais profunda das angústias. Porque a vida se espalha, se multiplica, todas as possibilidades de satisfação na vida se ampliam. Mas a iminência da morte também se amplifica, assume proporções inimagináveis. Percebemo-nos vivendo fora de "nós mesmas", para além de nossas bordas. Um golpe narcísico libertador, onde não sou mais o detentor da "minha psique", mas estou mergulhado nela.

Talvez fosse interessante nos debruçarmos agora sobre o parto, ou mais especificamente sobre o "trabalho psíquico de parto". Para que o parto aconteça, é necessário que o corpo físico da mãe se abra para deixar passar o corpo do bebê e toda legião psíquica que o acompanha, permitindo certo rompimento. Há um algo que se quebra ou se desestrutura para possibilitar a transição do "ser apenas um para ser dois", pois o parto é isso: um corte, uma abertura forçada, semelhante à erupção de um vulcão que geme a partir das entranhas e que, ao expelir suas partes mais profundas, rompe necessariamente a aparente solidez, criando uma estrutura renovada. O trabalho de parto é necessário para que a mulher elabore inconscientemente o desprendimento e se sinta capaz de abrir o corpo e a alma e se entregar ao rito de passagem. No entanto, com o desenvolvimento acelerado da obstetrícia moderna nos últimos trezentos anos, as mulheres vêm perdendo contato com sua capacidade de parir. Para muitas mulheres a perspectiva de um parto sem dor, sem esforços e conduzido, pode - à primeira vista - ser uma proposta atraente. Lamentavelmente, a coisa não é tão simples quanto parece.

A dor – tão desprestigiada nos tempos modernos – permite que nos desliguemos do mundo pensante, percamos o controle, esqueçamos a forma. Ela que nos levará pela mão a um mundo sutil, ali onde o bebê reside e se conecta conosco. Parir é passar de um estágio a outro. É um rompimento anímico. E, como todo rompimento, provoca dor. O parto não é uma enfermidade a ser curada. É uma passagem para outra dimensão. Nessa passagem, talvez a mulher precise chorar, gritar, pedir, rezar, se movimentar, conectar-se com as recordações, enfim, usar a inteligência intuitiva que o ser humano foi desenvolvendo ao longo de milhões de anos, para serem protagonistas ativas do melhor parto possível para cada caso específico.

Pergunto-me agora no que a psicologia analítica pode nos auxiliar no sentido de termos uma compreensão mais aprofundada de todo esse processo?

Na concepção que rege o mundo ocidental, nosso entendimento de psique ficou estreitamente identificado com a personalidade do ego. Isso por ser esta uma concepção que se vale de uma visão de mundo cartesiana, que privilegia pessoas reais, literais. Conforme Hillman:

> A psicologia de Descartes imagina um universo dividido entre sujeitos vivos e objetos mortos. Não há espaço para nada intermediário, ambíguo e metafórico... entidades outras que seres humanos, assumindo qualidades interiores subjetivas, são meramente objetos antropomorfizados ou personificados, não realmente pessoas no sentido aceito dessa palavra...... assim a diversificação da personalidade, e sua diferenciação e vivificação foram suprimidas (HILLMAN, 2010, p 86).

Quando falamos em "fazer alma", então, estamos falando sobre ir ao encontro da nossa fragmentação individual, das muitas vozes que falam conosco e nos fazem chamados.

A multiplicação desses personagens arquetípicos ocorre quando a importância de qualquer unidade individual se torna tão esmagadora para uma pessoa que ela tem que quebrar sua imagem individual, multiplicando-a em mais partes manejáveis. Conforme descrevi anteriormente, é isso o que acontece durante a gestação, o nascimento de um bebê e o puerpério de uma mulher.

O fato de o corpo sofrer uma ruptura concreta e de assistirmos e sermos ativas no sentido de tirar um outro de dentro de nossas entranhas, faz desse acontecimento uma imagem extremamente potente. Imagem essa que dará início, ou continuidade, a uma inevitável desconstrução.

Quando algo é desconstruído, dissolvido, somos lançados na escuridão daquela que é tida como a primeira e a última fase alquímica: a nigredo.

O preto irá ameaçar o centro de nossa identidade ao extinguir o mundo colorido perceptivo, dissolver os significados, a esperança pelos significados e quebrar a coesão interna de qualquer estado físico. E é exatamente essa a sua virtude, mas também o que provoca nosso medo, nosso arrepio fisiológico. A sombra que o preto aflige pertence ao reino de Hades e nos joga diretamente para lá.

Já nos dizia Jung que toda operação alquímica começa com a água, que irá dissolver tudo o que existia até então.

Parece-me lúcido afirmar que as grávidas e as puérperas, ao se verem sendo dissolvidas por tanta água – lágrimas, sangue, líquido amniótico – estão no caminho necessário.

Hillman nos sugere uma forma de lidar com a nigredo: a decapitação, o que significaria separar a cabeça do resto do corpo de forma que pudéssemos compreender toda essa vivência. Compreensão essa que viria através da *"incorporação da invisibilidade dentro de todas as percepções"*.

Talvez o grande diferencial para que isso possa ocorrer seja a conexão entre Eros e Psiquê. Como se somente através desse descentramento via amor e por causa dele - fosse possível reconhecer o que a alma quer conosco. Eros como um fazedor de alma, na medida em que aquele que amo carrega minha alma, tornando-se, para mim, figura de alma. E, ao levar minha alma, personificada em si, traz, nesse processo, a metáfora no formato de uma concretude. Para conhecer você, encontrar você, devo arriscar eu mesmo como eu sou.

No entanto, é importante dizer que a criação consiste tanto em destruição quanto em construção. Segundo Berry, *"dentro de nossas experiências do caos está contida, ao mesmo tempo, uma possibilidade específica de forma. Ou então, cada caos gera a si mesmo numa forma... Cada momento de caos tem formas dentro dele; e cada forma incorpora um caos específico"* (BERRY, 2013, p10). De acordo com essa afirmação, poderíamos entender então que o que se tenta cultivar é algum novo terreno em que as coisas se "encarnem", aconteçam, tornem-se substanciais, uma matriz sustentadora, algum substrato básico a partir do qual os movimentos psíquicos possam adquirir forma e ganhar corpo.

Para explicar isso, Berry retoma a ideia de que a mãe, arquetipicamente falando, é o terreno da existência e, no entanto, é um nada; um útero gerador, mas repleto de espaços vazios. E nos alerta para o fato de que será justamente essa falta que nos fará evocar a metáfora e, a partir daí, fundar o sujeito psíquico em nós.

Aprofundando ainda mais o entendimento desse caos que gera, podemos trazer Eco. No momento em que nossas fronteiras estão mais afrouxadas, onde nos encontramos fora da ordem e do mundo literal compartilhado, mergulhadas no caos da interioridade, nos deparamos com o universo de Eco. A estética de Eco ocorre nos espaços vazios, nas cavernas. Esse vazio é o que dá forma a Eco. Esse ecoar do vazio, claro, ameaça Hera, pois ao mostrar o oco, trapaceia a realidade mais definida. Nesse sentido, Eco é uma grande metaforizadora:

"Há alguém aqui?" "Aqui!", responde Eco. Embora ela tenha ecoado as próprias palavras de Narciso, seu significado literal foi transformado por seu Eco".

Podemos constatar, mais uma vez, que todos os processos da alma se movem em direção a Hades. Essa temática está presente também no mito de Deméter-Perséfone, onde o rapto moverá a alma-Perséfone de ser a filha de Deméter para ser a esposa de Hades: "*do ser natural ge-*

nerativo, que é dado a uma filha pela vida maternalizante, para o ser psíquico do casamento com o que é alienígeno, diferente e não está dado.

Há ainda outro mito de extrema importância que irá nos acompanhar nessa experiência arquetípica: Dioniso.

Um primeiro aspecto relevante para nós em relação a Dioniso é seu nascimento. O deus nasceu de Zeus, deus da luz, e Perséfone, a rainha do invisível mundo subterrâneo. Dioniso reina, portanto, sobre as áreas fronteiriças de nossa geografia psíquica: é o deus mais físico e ainda assim mais psicológico, no centro de cujo culto está a criança e o renascimento psicológico através das profundezas do mundo subterrâneo. Assim, quando dizemos que a peculiaridade da experiência da gestante e da puérpera é justamente a de se fazer psique através de uma experiência absolutamente corporal, estamos na fronteira; portanto, evocando Dioniso.

López-Pedraza destaca um outro aspecto do mito dionisíaco: o choque do divino menino Dioniso com as forças titânicas como uma primeira iniciação da vida. Será através desse choque que Dioniso será desmembrado para, depois, renascer no segundo Dioniso. Podemos, então, pensar que o surgimento de uma criança, literal e/ou simbólica, coloca o ego da mãe frente a forças tão grandiosas, tão avassaladoras, que não nos resta escolha, enquanto ego, a não ser sermos desmembrados, descentrados. Para depois, então, podermos renascer.

Exatamente por conta desse aspecto trágico e devastador diz-se de Dioniso que ele é portador da loucura. É, em si mesmo, causa e libertação da loucura. Se por um lado, diante de tal desmembramento, não nos reconhecemos mais e sentimo-nos enlouquecer, por outro lado, só o mergulho nesse caos nos permitirá renascermos em uma nova configuração mais plural e mais almada.

Outro aspecto central no mito dionisíaco é sua identificação com Hades. Por isso proporciona o êxtase, a comunhão espiritual e a intoxicação selvagem. A reflexão de uma imagem de horror, que é o mais poderoso estímulo psíquico e tem caráter terapêutico. O horror a serviço da alma.

Por outro lado, percebe-se entre os dons que o deus outorga um sossego e uma quietude incomuns. Onde quer que a ambivalência apareça, há a possibilidade de uma consciência dionisíaca. Essa ambivalência é marca registrada do puerpério, onde oscilamos entre a mais profunda sensação de angústia e de aflição ao não nos sabermos mais e uma estranha paz que nos vai invadindo, via uma rotina lenta e delicada que se instaura e um sentimento bom de, estranhamente, estarmos muito próximas de nós mesmas, reduzidas ao essencial.

López-Pedraza fala ainda do fato dos seguidores de Dioniso, assim como a gestante e a puérpera, parecerem cair num estado repentino de possessão pelo Deus. *"Trata-se de uma experiência emocional, vivida no corpo... As epifa-*

nias são arquetípicas e, portanto, incomensuráveis. Dioniso, aliás, sempre se manifesta de forma distorcida. A emoção vem acompanhada pela distorção. Isso nos auxiliaria a compreender o choro fácil, a irritação mais explosiva, a tristeza mais profunda que experienciamos nessa fase, bem como um amor descomunal, que parece não caber em nós. Por tudo isso, é necessário que a natureza dionisíaca em nós seja reconhecida e educada. Se não, corremos o risco de permanecemos incapazes de nos conectar com o sentido da realidade imediata compartilhada e acabar como Ágave, que – ao ser tomada pela loucura – despedaça seu filho, Penteu. Ágave havia banido totalmente de sua vida Dioniso e sua forma arquetípica de viver. Já é sabido por nós que quando negamos passagem a um deus, este costuma entrar pela porta dos fundos. Assim, o Deus a castiga com a loucura.

Gostaria agora de falar de um aspecto específico de Dioniso: sua bissexualidade. Nesse padrão, a coniunctio não é uma meta, mas um dado apriorístico. Vale lembrar que Dioniso é essencialmente um deus das mulheres, embora ele seja masculino e fálico.

Em Dioniso, esses outros que nos tomam no momento do nascimento de um bebê são bem vindos, uma vez que é função dele libertar-nos dos limites da individualidade adaptada. Ao contrário de Apolo que, via medicina, quer curar, extirpar o sofrimento, Dioniso o entende como uma iniciação ao seu cosmo.

No universo apolíneo, o masculino é superior ao feminino. Nos moldes dionisíacos, a inferioridade é uma categoria que perde a razão de ser, uma vez que esse padrão é regido pela policentricidade, pela circulação, por fluxos livres que se alternam em ocupar a posição de baixo. A recuperação desta suposta "inferioridade" libertaria o feminino e seu corpo, e a própria matéria, do desprezo apolíneo. É urgente resgatarmos o feminino para a totalidade da conjunção: a experiência da psique na matéria, a fantasia em tudo que é literal, o imaginário no real, o corpo na consciência. Só assim recuperaremos nossa capacidade de parir e sermos paridas por tantos outros possíveis, via nossos filhos. Homens e mulheres.

Referências Bibliográficas

BARCELLOS, G. *Psique e Imagem.* Petrópolis: Editora Vozes, 2012.

BALASKAS, J. *Parto Ativo – Guia Prático para o parto natural.* São Paulo: Editora Ground, 2008.

BERRY, P. *O corpo Sutil de Eco – Contribuições Para Uma Psicologia Arquetípica.* Petrópolis: Editora Vozes, 2014.

BRUM, K. *Verdades Sobre o Puerpério.* Em: http://vila-mamifera.com.br. Acesso em 25/04/2014.

COUTO, M. *Línguas que não sabemos que sabíamos.* In: E Se Obama Fosse Africano. São Paulo: Companhia das Letras, 2009.

GARRAFA, T. *Ruptura Corporal e Trabalho Psíquico No Parto.* In: Boletim Online - Jornal Digital Dos Membros, Alunos e Ex-alunos. São Paulo, 2013.

GUTMAN, L. *A maternidade e o encontro com a própria sombra – o resgate do relacionamento entre mães e filhos.* São Paulo: Editora Best Seller, 2013.

HILLMAN, J. *O Mito da Análise.* São Paulo: Editora Paz e Terra, 1984.

HILLMAN, J. *Re-vendo a Psicologia.* São Paulo: Editora-Vozes, 2010.

HILLMAN, J. *Psicologia Alquímica.* São Paulo: Editora Vozes, 2010.

JUNG, C.G. *Fundamentos de Psicologia Analítica.* 7ª edição. Petrópolis: Vozes, 1985.

JUNG, C.G. *Estudos Alquímicos.* 4ªedição. Petrópolis: Vozes, 2002.

JUNG, C.G. *Psicologia e Alquimia.* Petrópolis: Editora Vozes, 2002.

JUNG, C.G. *Os Arquétipos e o Inconsciente Coletivo.* 4ª edição. Petrópolis: Vozes, 2006.

LÓPEZ-PEDRAZA, R. *Dioniso no Exílio – Sobre a Repressão da Emoção e do Corpo.* São Paulo: Editora Paulus, 2015.

Capítulo 10

ALTERIDADE E AUTONOMIA: SERÍAMOS TODOS REFÉNS?

Luciana Ximenez

É fato que, ao vivermos em sociedade, somos submetidos a uma enorme quantidade de normas e regras absolutamente necessárias para que se possa conviver em comunidade.

Como, então, definir e entender o conceito de autonomia em meio a tantas restrições a nós impostas?

Este é um questionamento trazido por Nicole, uma jovem adulta de 25 anos, que foi levada à sua primeira psicoterapia aos 11, quando foi diagnosticada com déficit de atenção. Durante muitos anos, além da psicoterapia, realizou tratamentos com fonoaudiologia e neurologista, e frequentou a aula de vários professores particulares.

Nicole é a caçula de dois irmãos. Seu irmão mais velho foi adotado, pela impossibilidade dos pais terem filhos, porém, alguns anos depois engravidaram de Nicole. Seu pais sempre a protegeram mais do que a seu irmão, seja por ser mulher, por ser a mais nova, ou por ser a filha biológica. Dessa forma, Nicole sempre viu sua possibilidade de autonomia tolhida por essa configuração.

A palavra *autonomia*, segundo o Dicionário Etimológico da Língua Portuguesa, tem origem grega. É uma composição das palavras auto (de *autós*), que significa "de si mesmo, por si mesmo, espontaneamente", e *nomia (de nómos),* que quer dizer lei. Combinadas as palavras, podemos entender seu significado como lei própria e espontânea, ou ainda, capacidade de estabelecer sua própria lei.

Ao longo da vida, conforme o indivíduo cresce, vai adquirindo certa "autonomia" para escolher e decidir alguns de seus atos: quando o bebê começa a andar, percebe que pode escolher para onde ir (desde que seus pais permitam); quando alcança as gavetas, começa a escolher as próprias roupas (desde que sejam adequadas para a ocasião e respeitem a estação do ano); quando se torna adolescente, começa a decidir de qual festa ou rolê deseja participar (desde que respeite o horário estipulado pelos pais e, provavelmente, o desejo dos amigos mais próximos); quando entra para a vida adulta, pode decidir em que trabalhar, quando morar sozinho, que horas chegar em casa (desde que consiga se sustentar). Sim. A conquista da autonomia está sempre vinculada a um "desde que".

Sabemos que a passagem da sociedade tradicional para a sociedade moderna traz consigo o surgimento das possibilidades de escolha do indivíduo. Abre um caminho para as mais variadas expressões individuais e coletivas do exercício da autonomia.

Durante este período, emerge um sujeito que se sente cada vez mais independente e autônomo, e para afirmar essa conquista precisa negar qualquer poder que exija dele submissão. Antes, na sociedade tradicional, o desafio era confrontar as instâncias externas que direcionavam seu destino. Agora o desafio passa a ser administrar os conflitos internos entre desejos e interdições, normas e transgressões. Nota-se uma transferência do transitar externo para o transitar interno, do objetivo para o subjetivo, e o conceito de autonomia surge para validar o aparecimento da subjetividade.

No entanto, em oposição ao universo onde as regras eram ditadas coletivamente, o individualismo toma uma proporção descontrolada e cada vez mais percebe-se um culto à satisfação imediata e individual dos prazeres e escolhas, muitas vezes desconsiderando a coletividade. A autonomia, então, se torna sinônimo de autossatisfação, em detrimento do outro, do próximo, da família, da sociedade. O consumo desenfreado poderia ser visto, nessa linha de raciocínio, mais como um sintoma narcísico do que como uma construção da própria autonomia.

A liberdade individual vista dessa forma tem demonstrado cada vez mais estar comprometida por vários componentes. Um deles é a pressão da semelhança, veiculada pela mídia e pela publicidade. A valorização da singularidade fica abalada pelos mecanismos de conformação a modelos previamente estabelecidos que nos indicam não só como devemos trabalhar, produzir e nos distrair, mas também como nos relacionar, como comer, como nos vestir, como agir. Não é à toa que surgem, na sociedade contemporânea, consultores profissionais, consultores de moda, de alimentação, de emagrecimento, de maternagem, de relacionamentos, dentre tantos outros.

Portanto, a autonomia tem várias facetas a serem destrinchadas e relativizadas. É uma palavra que deve ser usada cuidadosamente, pois merece respeito e atenção, seja dos indivíduos por si só ou do indivíduo que vive dentro de uma coletividade. Construir as próprias regras e leis, sim, porém desde que se consiga promover um diálogo entre a liberdade de poder construí-las, de assumir e de se responsabilizar pelas escolhas feitas, e de permanecer em relação na sociedade em que vivemos.

Toda sociedade possui leis, com as quais o sujeito precisa interagir mesmo que de forma automática. Nosso universo é relacional e o sujeito só se configura na relação com outro objeto. Poderíamos cogitar que vivemos em situações de dependência e o máximo que podemos fazer é medir o grau maior ou menor de dependência do sujeito dentro do sistema. Guggenbuhl-Craig questiona: "nossa psique vive em uma rede de dependências internas e externas. Ao invés de lutarmos contra nossas dependências, não seria mais sábio refletir sobre elas e procurar colocar e desenvolver nossa alma dentro delas?" (1995, p.15).

Voltando à Nicole, diríamos que ela procurou se adaptar ao seu déficit. Terminou o ensino fundamental e o médio com bastante esforço. Ao longo dos anos, foi desvencilhando-se das terapias e dos professores que lhe foram muito úteis por um período de tempo, mas depois não lhe serviam mais. E para tentar viver um pouco de sua autonomia, foi fazer um intercâmbio de 6 meses no Canadá, assim que terminou o ensino médio, com muita resistência dos pais. Lá vivenciou experiências inesquecíveis, histórias que jamais ousou imaginar. Teria alongado sua estada, não fosse um chamado de seu pai, dizendo que estava adoecendo de depressão com sua ausência. Nicole voltou. Porém, aqui no Brasil, perdeu toda a autonomia que havia adquirido fora daqui. Voltou a agir nos moldes e dinâmica antigos, aprisionada às regras de seu pai e à sua rigidez interna. Sua autonomia não foi introjetada. Era apenas uma vivência temporária e literal.

Nesse sentido, a autonomia não pode ser interpretada como um conceito literal, mas deve ser vista com um olhar metafórico. Metafórico porque, levado ao pé da letra, este conceito é impossível de ser desenvolvido. Metafórico, porque nos ajuda a poetizar nossa existência e a nos percebermos como seres que lutam e se responsabilizam pela própria vida. Porém, existe uma necessidade de definir um limite para a metáfora da autonomia. Este limite seria demarcado pelo reconhecimento da existência do Outro, no sentido amplo da palavra, que engloba o homem, a natureza e o mundo.

O limite, então, não seria necessariamente definido por regras pré-estabelecidas, ou por um código moral – implícito ou explícito. Nem por julgamentos egoicos emitidos por uma consciência bem formada e estruturada. Isso não é suficientemente confiável para a tomada de determinadas decisões. Afinal, o que seria uma consciência bem formada e estruturada?

Para Jung, algumas escolhas só podem ser exercidas a partir do aspecto ético do ato da consciência, que não se encontra em valores e costumes morais, mas nas "águas escuras das profundezas". E acrescenta: "A consciência – não importa em que se baseie – exige que o indivíduo obedeça à sua voz interior, mesmo correndo o perigo de errar" (1946, p.841). Essa voz interior tem muitos nomes. Estamos nos referindo aos invisíveis: guias, crenças, daimon, multiplicidade psíquica. Diz Hillman:

"Vivemos em meio a uma multidão de invisíveis que nos governam: valores familiares, autodesenvolvimento, relações humanas, felicidade pessoal, e ainda um conjunto de figuras míticas mais impiedosas chamadas controle, sucesso, custo-benefício e (o invisível maior e mais presente) a economia. (...) Mas nossa tarefa aqui não é reconstituir todos os invisíveis, mas sim distingui-los, prestando atenção àquele que já foi chamado de seu *daimon* ou gênio, às vezes de sua alma ou sorte" (2001, p.107).

Nesse sentido, o que pode nos roubar a liberdade e o direito de ir e vir, não se resume apenas aos valores, normas e regras ditados em um determinado sistema. A cultura, as relações sociais, familiares e amorosas, nossos próprios complexos e vozes internas, também são capazes de nos privar desse direito de livre movimentação.

Nossa psique é múltipla. Há uma comunidade de pessoas – little people, como diz Jung – que nos habitam e exigem atenção e oportunidade de se manifestar. O ego heroico, aquele que exige superação, bom desempenho, vitórias, sucessos e conquistas, acredita que pode controlar todas as outras movimentações que ocorrem internamente. Doce ilusão. Mais cedo ou mais tarde "os outros" aparecem para reclamar um espaço em que possam ter voz.

Sendo, então, um conceito relativo, que precisa se submeter a tantas variáveis externas e internas, como podemos nos relacionar e usufruir da autonomia e da liberdade de ir e vir dentro deste contexto? Existe uma grande confusão entre liberdade e individualismo desenfreado e irresponsável. Vladimir Safatle em seu artigo intitulado *Somos livres quando somos capazes de nos abrir ao que não controlamos?* afirma que "a modernidade nos acostumou à ideia de liberdade como expressão da autonomia individual. Hoje, ela nos é uma ideia tão natural que parece simplesmente impossível pensar de outra forma".

Percebe-se, então, que uma nova forma de pensar a liberdade e autonomia faz-se necessária. Segundo Hillman, "viver plenamente a realidade desta ou daquela situação, tal como ela é, dá asas para a situação, libertando-a do desejo de estar em outro lugar, de escapar dela, de querer mais, saciando assim o desejo da alma de plenitude do momento presente" (1996).

Individuar o momento presente. Mais do que buscar uma autonomia inatingível, buscar uma autonomia possível em cada situação. Estar nela, buscando ao máximo sua singularidade. Fazer das atividades, mesmo que cotidianas, uma forma de revalidar escolhas e de encontrar o diferencial daquele momento único.

Autonomia implica encontrar as próprias regras sem desconsiderar a sociedade em que vivemos, assim como individuação implica diferenciar-se sem excluir o coletivo. Autonomia e individuação, andando lado a lado. Individuação não se confunde com alienação, assim como autonomia não se confunde com egocentrismo. Autonomia é sim encontrar as próprias regras. Porém, somos seres sociais e políticos. Vivemos em relação. O grande desafio é encontrar sua singularidade, seu lugar, seu espaço dentro do mundo e não alheio a ele; é criar um caminho próprio, ainda que dentro de padrões sociais.

Nicole não se conformou com a perda de sua autonomia e veio buscar novamente ajuda em uma psicoterapia, enquanto continuava na luta incessante para reconquistá-la. Entrou na faculdade de administração de empresas e foi fazer um estágio, contra a vontade de seus pais, que preferiam que ela só estudasse, já que possuía um problema de aprendizagem que a tornava mais lenta. Mas Nicole não se intimidou e não se importou se precisaria de mais tempo para conseguir seu diploma.

As relações sociais e amorosas de Nicole, no entanto, não obtiveram o mesmo destino. Seu pai permanecia impedindo, com suas chantagens emocionais e com sua constante vigilância, qualquer tipo de encontro. Além disso, Nicole tinha muito medo de se machucar nas relações amorosas. Muitas vezes preferia ficar em casa assistindo netflix ou se escondendo atrás de vídeos no instagram ao invés de viver o que a vida lhe apresentava. Nicole era refém de seu pai e de seus medos. Nesse sentido, poderíamos dizer que somos todos reféns. Reféns da sociedade, reféns das nossas escolhas, da nossa história, de nós mesmos. Isso é um fato. Somos também reféns dos acontecimentos

Segundo Zizek, acontecimento é "o efeito que parece exceder suas causas – e o espaço de um acontecimento é aquele que é aberto pela brecha que separa o efeito da causa (...). Uma ocorrência que não se sustenta em razões suficientes". E ainda: "a característica básica de um acontecimento é o surgimento surpreendente de algo novo que solapa qualquer esquema estável" (2017, p.9).

O acontecimento está fora do controle do ego. A partir dele, emoções, complexos, traumas, inspirações pedem passagem e não há nada a ser feito. Novamente nos fazemos de reféns. E novamente encontramos na brecha que separa a causa do efeito, a possibilidade de individuação, de encontro com as singularidades, excentricidades e do próprio daimon. É quando a estabilidade cai por terra, no desequilíbrio e quando as fronteiras estão intermitentes e fragilizadas que a alma encontra espaço para sua realização. O acontecimento nos ocasiona uma mudança de rumo, uma possibilidade de andar por outros caminhos e de exercer nosso direito de ir e vir.

O acontecimento, no caso de Nicole, foi o surgimento de uma figura bastante interessante em sua vida. Nicole conheceu Paulo em um carnaval passado. O rapaz tentou, por um tempo bastante razoável, aproximar-se dela. Ela o afastava, mas ele nunca desistiu, se afastava, retornava, se afastava novamente. Até que em um de seus retornos, Nicole o deixou entrar por uns poucos minutos e ele fez a pergunta fatídica: "Mas... você não acha que está na hora de enfrentar o seu pai?"

A pergunta deixou Nicole atordoada: enfrentar o meu pai? Mas por que ele disse isso? Por que eu o enfrentaria? Para quê eu enfrentaria? O que me traria de bom? Será que eu sei fazer isso? Será que eu preciso fazer isso? Será que eu quero fazer isso?

Nicole ficou curiosa. Ficou curiosa porque tudo isso mostrou a ela a possibilidade de exercer seu direito de ir e vir. Paulo despertou nela um desejo. Um desejo corporal, é certo. Mas, mais do que isso, um desejo de transitar por outros lugares, de permitir que outros personagens entrassem em cena, de exercer a sua autonomia.

Existe uma forma de consciência que torna possível a individuação de cada lugar que nossos pequenos habitantes pretendem visitar. É uma consciência diferente da consciência heroica, pois é preciso dar espaço para nossa multiplicidade e aprender a transitar e a nos flexibilizar perante as vozes que fogem ao controle do ego. Uma consciência que não vise a superação e a vitória do um sobre os demais. Essa consciência é a consciência dionisíaca. E foi essa consciência que começou a surgir em Nicole.

Dionísio é aquele que foi desmembrado. É aquele que transita entre as fronteiras. Nele, as fronteiras conjugam aquilo que usualmente acreditamos estar definitivamente separado, inatingível e irreconciliável:

"Dionísio nos coloca frente a fenômenos-limite, de modo que não podemos jamais dizer se é louco ou são, selvagem ou sombrio, sexual ou psíquico, macho ou fêmea, consciente ou inconsciente. Onde quer que Dionísio apareça, também se manifesta a fronteira. Ele reina sobre as terras fronteiriças da nossa geografia psíquica" (1984, p. 241).

A consciência dionisíaca tem a necessidade de viver em comunidade. Comunidade com outras pessoas externas e outras pessoas internas, de se relacionar com os complexos, com a alma e seus deuses. "Uma consciência que está sempre embebida em seus complexos, fluindo junto com eles" (1984, p. 246).

Um mundo que conjuga fronteiras pode ser amedrontador. A abertura para o livre trânsito das nossas várias personalidades pode parecer enlouquecedora. Vale lembrar, no entanto, que nessa perspectiva mítica, o ego é imaginal e está aberto para todas as imagens e metáforas que possam surgir. Dionísio nos ensina que é possível transitar entre os lugares habitados por nossos múltiplos moradores e nossos múltiplos desejos, sem enlouquecermos. Que podemos encontrar a liberdade de ir e de voltar; de entrar e depois sair. E que o que pode ser enlouquecedor, é a estagnação e a rigidez em uma determinada posição.

Nicole mudou sua posição. Não se sente ainda preparada para o enfrentamento, mas percebeu que pode transgredir. E que a transgressão também lhe possibilita exercer seu direito de ir e vir e de dar voz a outros personagens.

A livre movimentação, dessa forma, adquire outro sentido. Movimenta-se em busca da liberdade: não mais uma liberdade "de" (escolha ou oportunidade ou mobilidade), nem uma liberdade "para" (fazer ou ir aonde eu quiser com quem eu quiser), mas uma liberdade "em" estar nos eventos e situações que se apresentam. Liberdade "em", como Hillman apresenta, se manifesta em cada experiência, dentro de limites ou restrições de lugar, tempo, situação ou condição, libertando a alma do desejo de estar em outro lugar.

Assim, o direito de ir e vir, a liberdade, seria, como ressalta Safatle, "saber que há sempre um outro que me causa alteridade profunda, que me afeta e que por isso minhas ações nunca são completamente minhas". Um outro, que pode ser interno ou externo. Pessoas que me habitam ou que habitam o mundo que me cerca. E assim, já não existe mais as fronteiras que dividem o dentro e o fora. Individua-se cada uma das vivências apresentadas, transformando-as em experiências; movimentando-se e rompendo barreiras, considerando sempre a influência do outro que nos habita e habita o mundo.

Referências Bibliográficas

GUGGENBÜHL-CRAIG, A. *Do lado Avesso: uma abordagem paradoxal em psicologia.* Editora Corsária, 1995.

HILLMAN, J. *O mito da análise.* Rio de Janeiro: Editora paz e terra, 1984.

HILLMAN, J. *O código do ser.* Rio de Janeiro: Objetiva, 2001.

HILLMAN, J. *Marriage, Intimacy, Freedom* in *Marriages.* Connecticut: Spring Publications, 1996

JUNG,C.G. *Civilização em transição.* Petrópolis: Vozes [1946], 2012.

NEUTZLING, I.; B., M.C.L.; Y. E. *O Futuro da autonomia: uma sociedade de indivíduos?* São Leopoldo: Editora Unisinos, 2009.

SAFATLE, V. *Somos livres quando somos capazes de nos abrir ao que não controlamos?* Folha de São Paulo, 27/01/2017.

ZIZEK, S. *Acontecimento.* Rio de Janeiro: Zahar, 2017.

Capítulo 11

EXPATRIADOS PELO MUNDO: Outros além das fronteiras[1]

Marilene Rodrigues Fernandes

Como há espaços dentro de nós para
enterrarmos nossas pequenas mortes!
Mia Couto

Introdução

Este trabalho parte da própria experiência como brasileira expatriada vivendo no Chile por dez anos e também com o acompanhamento clínico a adultos, adolescentes e crianças expatriadas. Pretendo aqui refletir sobre o processo de expatriação e suas consequências no processo de individuação de jovens adolescentes sul-americanos bem como a relação de tais consequências com a ativação do potencial resiliente.

1. Este trabalho é baseado na apresentação feita no VIII Congresso Latinoamericano de Psicologia Junguiana – Bogotá 2018.

Sendo compreendida aqui a expatriação como imigração transitória; o expatriado em sua definição é a pessoa que está num país em situação de deslocado do seu local ou país de origem; voluntariamente ou não, vivendo fora da sua pátria; exilado; emigrado.

Em meio a dor constante de perdas de vínculos e de alguns referenciais, expatriados heroicamente cruzam fronteiras externas e internas e são convocados a se ressignificarem constantemente diante de novos "Outros" externos e internos que se lhes são apresentados a cada residência definida em um novo país.

Estrangeiros, em terras estranhas, enfrentam uma série de adversidades que vão desde a introjeção de um novo idioma até o processo de aculturação, que implicam em conquistar, integrando este novo e desconhecido ambiente cultural com seus outros códigos, redimensionando assim sua identidade.

Como situação bastante estressora e muitas vezes traumática, gera desorientação, isolamento, diminuição de autoestima, insegurança e depressão, causando um estado de vulnerabilidade e promovendo assim a ativação do potencial resiliente compreendido aqui como a capacidade humana arquetípica de transcender e superar as adversidades, ressignificando os eventos vividos, permitindo que se possa seguir adiante em constante processo de reconstrução pessoal, superação e crescimento criativo no seu processo de individuação. Mas como ocorre este processo especialmente nos jovens adolescentes expatriados que vivem continuamente estas transformações desde crianças acompanhando seus pais nestas viagens? Quais as consequências em suas relações com o mundo?

Percorrendo estas questões, observamos que justamente no encontro com as adversidades é que despertamos também para habilidades antes desconhecidas e que a superação resiliente traz benefícios e ganhos para um processo criativo de desenvolvimento.

No processo vivido por expatriados também ocorre a aquisição de novos códigos culturais (biculturalidade), ampliação da capacidade empática e valorização das relações humanas. Porém quais são os recursos com que podemos contar para potencializar a superação resiliente de jovens expatriados?

Certamente um tema extenso que pede uma abordagem multidisciplinar, na qual também algumas contribuições da Psicologia Intercultural auxiliarão a aproximarmos mais dos aspectos implicados.

ESTRANHO ESTRANGEIRO PRÓXIMO
"Iniciação" Orides Fontela

Se vens a uma terra estranha
curva-te
se este lugar é esquisito
curva-te
se o dia é todo estranheza
submete-te
- és infinitamente mais estranho

De acordo com a ONU, mais de 200 milhões de pessoas poderiam estar vivendo fora de seus países de origem, segundo estatísticas de 2010. Em torno de 40% dos expatriados não consegue finalizar a tarefa proposta no país estrangeiro e não por incompetência, inabilidade ou problemas com a tarefa em si. O fator adaptação é decisivo e muitas vezes impeditivo para um melhor resultado. Porém quais seriam os fatores que proporcionariam uma melhor adaptação ao processo? Será a dificuldade de estar longe de nossa terra tão significante? O que nos significa esta nossa terra?

Nossa terra Natal é mais do que o lugar onde nascemos e nos criamos. É um espaço tempo repleto de lembranças sensoriais presentes em nossa memoria implícita; guardamos o cheiro característico do bairro, do mar, do mato, do café fresco coado, as cores e sons da cidade. Nossa terra, como o Self, guarda as sementes que nos constituem como pessoas; abriga nossa raiz, matriz de quem somos e de onde viemos. É a fonte de nossa vida e segurança; protege e acolhe. O lugar de onde viemos segue sendo mais que o espaço físico, é também o nosso espaço da memória, identitário, um "lugar" impregnado de cultura e afeto, estabelecendo assim nossa consciência da pertinência, afinidade e continência. Se a cultura é "todo um modo de vida" também constrói em nós vínculos profundos. Criamos mesmo sem perceber (e talvez percebamos melhor quando nos afastamos) profundos vínculos com tudo ao redor, e com as gentes com as quais compartilhamos esse modo de vida: nossa língua mãe, a forma de falar, os gestos, a postura, o tom de voz, a forma e o que comemos, até a maneira como brigamos, cobramos, exigimos e também como expressamos nossa afetividade.

Como expatriado, imigrante, migrante, refugiado, vivendo longe de nosso país, de nossa terra, somos e nos sentimos estranhos, somos outros, sem registro de pertinência e similitude, somos estrangeiros.

Como estrangeiros, na nova terra, somos o Outro diferente, o estranho agora próximo. Este Outro vizinho, vindo de longe, que por sua estranheza parece enigmático, sedutor e chocante. Isso porque não deixamos de ser nós mesmos, esse Outro, estrangeiro, que parece carregar um território dentro de si; uma vez que tudo entrega esse território estrangeiro: a língua, o jeito da "nossa" gente que também tão fortemente nos caracteriza e identifica. Aqui nos referimos à força da cultura que não desaparece em novo território. Como afirma José Saramago

> Vivemos num determinado lugar, mas habitamos outros lugares. Eu vivo aqui, em Lisboa, quando cá estou, e vivo em Lanzarote (Espanha) quando lá estou. Mas habitar, habitar, hábito naquilo que seria - ou é - a aldeia. Não se trata, porém, desta aldeia, antes a aldeia da minha memória. SOMOS MUITO MAIS A TERRA ONDE NASCEMOS (E ONDE FOMOS CRIADOS) DO QUE IMAGINAMOS (Saramago, 2010).

Ao estar em outras terras, o estrangeiro e sua bagagem, vivente na nova sociedade, estimula a possibilidade de convivência com o Outro em sua alteridade. Promove trânsitos que afetam a configuração de sua identidade assim como do novo grupo pertencente. O estrangeiro é a encarnação da dualidade Eu/Outro, este outro externo e mensageiro de nossos símbolos que nos coloca em contato com o nosso Outro intrapsíquico. Segundo Koltay, "aquilo que se confunde com o outro, aquele que é não eu, mas, não obstante, habita em mim" (Koltay, 1998, p. 7).

O estrangeiro segue alcançando o novo e desconhecido sem nunca deixar aquele que habita seu corpo, sua memória implícita. É portador também de um olhar ameaçador, pois como olhar fronteiriço é capaz de enxergar, apontar e denunciar aspectos sombrios desta nova realidade em que está inserido. Nesta sua jornada de vida ele entra em uma nova cultura, levando consigo aquilo que o constituiu.

Este trânsito heroico entre países e culturas talvez conte com a proteção dos Deuses; Ogum - um orixá guerreiro e senhor das estradas associado a São Jorge (representação do arquétipo do herói) - e com Deus Hermes, senhor das fronteiras, protetor dos caminhos, facilitando assim este exercício de negociação entre o novo da nova terra e o que para trás foi deixado.

Esta inclusive é uma das grandes tarefas a serem cumpridas durante o processo de expatriação; articular e integrar elementos novos e antigos constitutivos em sua identidade num espaço tempo que muitas vezes não legitima as perdas, dificultando assim o trabalho de elaboração de lutos vividos que vão desde pessoas queridas que ficam pelo caminho até locais que guardam boas memórias. Notamos também que na imersão e adaptação a novas culturas é muito comum entre os estrangeiros, relegar aspectos de sua personalidade para dar luz a outros aspectos que atendem mais à cultura vigente. Isto fica especialmente evidente quando características de sua personalidade são consideradas de menor valor ou "inferior" ao entorno social ou cultural. Quando isto ocorre uma parte importante de sua identidade fica na sombra. Exilada e não podendo ser expressa, segue enviando símbolos para que possa ser elaborada e integrada. Vemos então outro dos desafios do expatriado estrangeiro: conseguir trazer a luz aspectos de sua personalidade exilados internamente, integrando-os a sua identidade e agregando criativamente a seu novo contexto.

Expatriação e Identidade

Não sou de onde vim, também não sou daqui
e sei que não serei pra onde irei; então quem sou?
(K. 17 anos)

Esta fala citada acima refere-se a uma paciente jovem, expatriada desde os 8 anos, que percorrendo diversos países expressa a constante dor por não saber quem é, não se identificando com nenhum dos grupos culturais de países residência e muito menos com seu país de origem. Então o que ocorre com a identidade de expatriados?

O expatriado é um mutante e viajante de longas viagens. E como Guacira Lopes nos lembra quem viaja realiza um aprendizado porque

> A viagem transforma o corpo, o "caráter", a identidade, o modo de ser e estar... Suas transformações vão além das alterações da superfície da pele, do envelhecimento, da aquisição de novas formas de ver o mundo, as pessoas e as coisas. As mudanças de viagem podem afetar corpos e identidades em dimensões aparentemente definidas e decididas desde o nascimento (Louro, 2004)

De que identidade então falamos? Podemos discorrer um pouco sobre o conceito de identidade empregado aqui pois sugere um olhar amplo incluindo aspectos individuais, sociais e culturais. A noção de quem somos está ligada à relação que estabelecemos com o mundo, sendo nosso senso de identidade desenvolvido desde que nascemos, a partir da conexão com os outros. Nossa identidade não existe senão contextualizada, é um conceito relacional, e isto se dá como um processo de construção pressupondo o reconhecimento da alteridade para sua formação e legitimidade.

Com os novos e comuns deslocamentos a questão da identidade do expatriado é constantemente abalada sendo convocada a sua atualização.

Assim também as etapas instáveis de mudanças como a adolescência promovem uma crise de identidade e um chamado a atualização. Neste difícil processo de travessia se constela o Arquétipo do Herói, trazendo uma energia extra e de avanço, necessária para o momento de expansão psíquica e construção da nova identidade pessoal nesta jornada que o levará a confirmar seu lugar no mundo. Este processo de expansão psíquica se dá na medida em que o ego vai podendo assimilar e integrar a demanda simbólica apresentada na nova etapa.

Segundo Grosjean a tentativa de integrar características de duas diferentes culturas pode levar alguns indivíduos a sentirem que eles não pertencem a nenhuma das culturas em questão: são os indivíduos marginais e isto resulta em solidão, hostilidade, auto piedade, desorientação e medo do ridículo (Grosjean 1982 p. 161). Por isto a importância da integração e valorização de ambas culturas, a cultura de origem e a cultura a que se integra. Num processo de aculturação[2] harmonioso, o indivíduo adquire regras culturais e habilidades linguísticas da nova cultura e as integra de forma apropriada à sua primeira cultura. Em outras palavras, sua identidade se torna bicultural, mantendo presentes e alinhados o valor de cada cultura, permitindo uma maior flexibilidade multicultural.

Quando os indivíduos se encontram em um ambiente que encoraja a valorização de ambas as culturas, estão em condições de integrar elementos de ambas culturas em uma

2. Aculturação compreende "uma combinação de aquisição de competências para se comportar de forma culturalmente relevante e a adoção de regras e atitudes culturalmente definidas com relação àquele comportamento" (HARMERS e BLANC, 2000).

harmoniosa identidade bicultural, sem ter que negar nenhuma das duas, permitindo uma maior flexibilidade multicultural.

Expatriação e Resiliência: Fatores de Proteção e Fatores de Risco

Sem vínculos significativos e sem história, como poderíamos nos tornar nós mesmos?
(Cyrulnik,2005)

Todo este processo descrito carece do apoio do grupo externo e familiar, e assim como dissemos que o contato contínuo com outra cultura supõe um conflito, uma crise e uma posterior 'adaptação' ao novo ambiente cultural, adolescer em outra cultura intensifica esta crise. Segundo Dantas há inclusive a possibilidade de ser insuperável, assim como há a possibilidade da ampliação da personalidade, transformação. Esta advém de um complexo processo de negociação relativo à própria identidade, a identidade grupal, os próprios valores, envolvendo questões étnico-raciais, vivência de preconceito, relações familiares, questões intergeracionais, de gênero, enfim, uma gama de questões relativas à própria existência humana (Dantas 2012). Esse desconcerto envolve a vivência de crise psicológica e sua posterior elaboração, quando possível.

Seguindo Dantas convém lembrar que a palavra crise, em chinês, é formada por dois ideogramas, em que um significa perigo e o outro significa oportunidade – nos despertando assim a considerar o potencial resiliente individual como um fator importante na evolução de diferentes histórias decorrentes destas crises em constantes cruzes de fronteiras.

Consideramos aqui a resiliência um processo dinâmico e em constante evolução onde, segundo Araújo, através da ressignificação do evento adverso e traumático vivido, torna-se possível considerá-lo como uma possibilidade de desenvolvimento e individuação. Ser ou tornar-se resiliente depende da construção do si mesmo na relação com os que estão próximos possibilitando um vínculo mais positivo e fortalecido com a vida (Araújo, 2011).

Segundo Boris Cyrulnik a resiliência se apoia nos recursos internos que se desenvolvem nos primeiros meses de vida, sendo o apego seguro fundamental e como fatores de resiliência citamos a independência, a capacidade de relacionar-se, a iniciativa, o humor, a criatividade e a capacidade de pensamento crítico (Cyrulnik, 2001).

Quando observamos a situação de adolescentes expatriados notamos alguns fatores de riscos que podem se repetir, dificultando seu processo resiliente:

Fatores de Risco	Fatores de Proteção
- Dificuldades de adaptação	- Afeto e segurança recebida na infância
- Transtornos do neurodesenvolvimento; Situação de expatriação oculta diagnósticos mais precisos	- Aprender a lidar com limites e frustrações
- Transtorno de sociabilidade	- Internalização de sistema de valores
- Bullying	- Competência emocional, autoconfiança e segurança
- Orientação escolar inadequada	- Coesão familiar
- Instabilidade escolar	- Trocas afetivas no grupo familiar pequeno e grande; Vínculos - elementos estruturantes
	- Pertencer a grupos de jovens expatriados pelo mundo

Como vemos, além da família, a escola é um fator de proteção muito importante para a melhor condição resiliente do expatriado. Ela participa da regulação da atenção, emoções, aprendizagem e comportamentos, podendo promover autoestima e autoeficácia dos estudantes capacitando-os em habilidades sociais, além de influenciar o relacionamento entre o grupo de iguais por meio de normas, regras e da cultura da instituição. Sendo assim escolha fundamental para a criança e jovem expatriado, quando possível, uma escola bicultural, que acaba sendo um facilitador para a formação de vínculos interculturais, dentro do universo da multicultura.

Ao acompanhar essas crianças e jovens expatriados, observamos que no movimento constante com as mudanças de países, o vínculo analítico que se possa manter seguro e como referência é fundamental. A tecnologia ajuda com seus recursos nos permitindo uma presença e acompanhamento terapêutico para além das fronteiras.

Nosso ofício nos remete à arte japonesa Kintsugui: que sugere que ao consertarmos cuidadosamente uma peça quebrada e unirmos suas partes com uma mistura de pó de ouro, estaremos atribuindo a esta peça um maior valor. Isto mostra que o trauma e cicatriz ressignificado tem seu sentido na história de cada um, o que o torna único, mais valioso e incorruptível como o ouro. Sendo assim, como analistas e tutores de resiliência de expatriados, nos cabe o ofício de, junto a eles, ir unindo com fio de ouro suas histórias de ganhos, lutos e perdas vividas e espalhadas entre fronteiras, remodelando-as. Através do acompanhamento e profunda escuta do relato de sucessão dos fatos, vamos contornando a narrativa, compondo o sentido no tempo e espaço dos episódios vividos, reconstruindo sua história e identidade.

Conclusão:

"Mas se estiveres na solidão, teu Deus vai conduzir-te ao Deus de outras pessoas e com isso à verdadeira proximidade, a proximidade do si-mesmo na outra pessoa" (Jung, 2013, p.156)

Atualmente fala-se muito do reconhecimento universal dos direitos humanos para podermos pensar mais a favor das condições de respeito e igualdade entre todas as diversidades e culturas, porém não nos basta apenas um bonito discurso a favor das diversidades. É necessário promover diálogos entre as diferenças onde seja possível celebrar diferenças.

A recente globalização tem o efeito de contestar e deslocar as identidades centradas de uma cultura nacional, produzindo uma variedade de possibilidades e novas posições de identificação. As identidades se tornam mais posicionais, mais políticas, mais plurais e menos fixas, gerando um efeito geral contraditório. Conforme nos aponta Stuart Hall temos nessa era o produto de várias histórias e culturas interconectadas, formando culturas misturadas onde o senso de quem se é em contraposição a um diferente está sempre em negociação interna e externa (Hall 2006).

Estamos neste território: o da fronteira entre culturas. Junto a estrangeiros expatriados, imigrantes, migrantes e refugiados no universo da interculturalidade podendo exercitar a dimensão da interação, o contato de culturas distintas, de processos simbólicos compartilhados, que só é possível a partir do diálogo e da interrelação dentro do dinamismo da alteridade. Essa também é a minha voz, uma voz compartida entre mundos. E que conforto imaginar possível mundos que convergem e com eles as diversidades possam comungar. Será este o sentido da multiculturalidade? Nos levar ao convívio da multiplicidade para que nenhum de nós se sinta como se fosse um desenraizado, mas que tenha sempre presente a sua múltipla pertença. Recorrendo-nos a Todorov, admitiríamos que o contato entre culturas não se desenvolve sem obstáculos, porque

> O homem desenraizado, arrancado do seu meio, de seu país, sofre em um primeiro momento: é muito mais agradável viver entre os seus. No entanto, ele pode tirar proveito de sua experiência. Aprende a não mais confundir o real com o ideal, nem a cultura com a natureza: não é porque os indivíduos se conduzem de forma diferente que deixam de ser humanos (Todorov, 1996).

Portanto a abertura à cultura de outrem quer por curiosidade, quer por tolerância, nos ajuda a superar preconceitos humanos e culturais, nos tornando mais engajados na defesa da riqueza múltipla que esta por si mesma desperta, desligando-se assim de comportamentos e julgamentos nocivos, em detrimento ao respeito pela diferença e diversidade. Considerando que, com o tempo, a identidade que um povo ou grupo construiu para si torna-se cristalizada, passando a adquirir caráter de inatismo, de naturalismo, de inalterabilidade (como se aquele jeito de ser fosse o único possível), o choque entre as culturas colabora para evidenciar que existe sim o outro diferente, que determinado jeito de ver o mundo não é o único.

A geração móvel de jovens expatriados traz uma nova cor para as sociedades. Eles encarnam esta nova identidade menos fixa, mais posicional e plural em constante negociação com novos valores e percepções. Gerações que organizam com flexibilidade sua identidade, articulando e integrando aspectos particulares e universais sustentando a tensão do processo e atualizando dinamicamente seu processo resiliente.

Nossos resilientes passageiros de fronteiras, estes ilustres desconhecidos que conhecem a alegria de estar sem ter, a dor e a delícia de ser e estar onde estão, vencem os traumas de travessias e conseguem coabitar com a dor e a poesia, o desespero e a esperança, a tortura gelada da falta e o calor humano. Sem morrer afogados pelos traumas de mudanças seguem mudando com uma apreensão mais próxima e aguda da passagem do tempo, discriminando com maior rapidez o fútil e focalizando no que é vital.

Pessoas bilíngues= transitam pelos idiomas de forma natural, demonstrando esta habilidade em transportar-se entre fronteiras por serem pertencentes e transportados pelos dois mundos. Convivem com a fantasia e as metáforas que movem a psique evitando sua paralização. Seus encontros entre pares se dão no mundo e seus afetos transcendem raça e cultura. Contudo, para o fortalecimento de sua base e estrutura mais saudável, eles nos revelam a importância de nossa Pátria legitimada, a força de nossas raízes arquetípicas, da ancestralidade de nossa raiz – não só em termos biológicos, mas também social e cultural - assim como nosso Self, matriz e origem, fonte nutriente presente em nossa memória implícita, na composição de resiliência e na construção de nossa segurança e pertencimento. Sim, o livre exercício de cruzar fronteiras amplia o enriquecimento humano e cultural de todas as sociedades, nos conduzindo a uma dimensão mais humana e de totalidade, possibilitando contatos Interculturais que só são possíveis baseados na flexibilidade interna, no constante trabalho de confronto e integração da Sombra individual, no respeito a si e ao outro, fundados nos direitos humanos de todos.

Como profissionais (da psicologia clínica) interculturais nos cabe também habilitarmos-no para compartilhar a visão do mundo de cada paciente e não estarmos culturalmente engessados. Precisamos cruzar fronteiras de nós mesmos para compreender empaticamente as forças intersubjetivas e sócio políticas que afetam outros de outros territórios. Juntos, deparando com os conflitos da alma, conhecendo seus segredos e assim reconhecendo-se. Em raízes profundas, ressignificar dores, perdas e a vida, lembrando Jung ao dizer que entrar em contato com o eterno desconhecido, o eternamente outro, o fundo mais fundo de nossa alma, significa deparar-se com o Si-mesmo (JUNG, 2013, p.62) pois o contato com o Outro, diferente de mim, nos leva a possibilidade de uma maior compreensão da dimensão e complexidade humana em sentido amplo, porque extrapola o comum, aquilo que já conheço de origem e nos lança no terreno da aceitação das diferenças.

Referência Bibliográfica

ARAÚJO, C. A. de, MELLO, Maria Aparecida, RIOS, Ana Maria Galrão. (orgs.) *Resiliência: Teorias e práticas de pesquisa em psicologia*, São Paulo: Ithaka Books, 2011.

COUTO, M. *A confissão da leoa*, São Paulo: Companhia das Letras, 2012.

CYRULNIK, B. *Resiliência – Teoria e prática de pesquisa em Psicologia*. São Paulo: Ithaka Books, 2011.

CYRULNIK, B. *A maravilha da dor, Barcelona*: Granica, 2001.

CYRULNIK, B. *O murmúrio dos fantasmas*, São Paulo: Martins Fontes, 2005.

DANTAS, S. D. (org). *Diálogos Interculturais: reflexões Interdisciplinares e Intervenções Psicossociais*, São Paulo: Instituto de Estudos Avançados da Universidade de São Paulo, 2012.

FONTELA, O. *Poesia Completa* – Orides Fontela, São Paulo: Editora Hedra, 2015

GRINBERG, Leon; GRINBERG, Rebecca. *"Psychoanalytic perspectives on migration and exile"*, New Haven: Yale University Press, 1989.

GROSJEAN, François. *"Bilingual:life and reality"* England: Harvard University Press, 1982.

HALL, S. *A identidade cultural na pós-modernidade*, Rio de Janeiro: Editora DP&A, 2006.

HARMERS, J E BLANC, M. *Bilinguality and Bilingualism*. Cambridge: Cambridge university Press, 2000.

JUNG, C.G. *O eu e o inconsciente – Dois escritos sobre a Psicologia Analítica* Vol. 7/2 – Col. Obra Completa, São Paulo: Editora Vozes, 2011.

JUNG, C.G. *O Livro Vermelho:* edição sem ilustrações. 3a Ed. Petrópolis: Vozes, 2013.

KOLTAI, C. *O Estrangeiro*. São Paulo, Escuta/Fapesp, 1998

LOURO, G. L. *Um corpo estranho - ensaios sobre a teoria queer*, Belo Horizonte: Autêntica, 2016.

SANDOVAL, Salvador. *Identificações étnicas na migração*, in CARIGNATO, Taeco; ROSA, Miriam; PACHECO FILHO, Raul (orgs.). Psicanálise, cultura e migração. São Paulo, 2002.

SANTOS, Boaventura de Souza. *Pela Mão de Alice: o social e o político na pós- modernidade*, São Paulo: Ed. Cortez, 2001.

SARAMAGO, J. *As palavras de Saramago - catálogo de reflexões pessoais literárias e políticas*, org. Fernando Gómez Aguilera. São Paulo - Companhia das letras, 2010.

TODOROV, Tzevetan. *A Conquista da América: a questão do outro*. São Paulo: Martins Fontes, 1996.

Capítulo 12

QUANDO O "OUTRO DENTRO" ENCONTRA O "OUTRO FORA"

Silvana Parisi

O tempo todo em nossas vidas temos a dimensão desse outro que nos define, encanta, assusta, atrai, confronta, limita, surpreende, desafia: o "outro fora" que é também imagem e base do "outro dentro". Enquanto "outro fora", nos contém e delimita desde o nascimento – nos expele da *uroborus,* forjando as primeiras fronteiras entre mãe e bebê – e com isso criando a noção de um eu. Que por ser um eu, já implica um não-eu, o fora de mim, o outro fora. Pois, só se pode falar de um outro, ou mesmo se "relacionar" com um outro se há um eu. Explica Jung (2013, §326):

> Consciência, segundo nossa concepção é sempre consciência do "eu". Para tornar-me consciente de mim mesmo, devo poder distinguir-me dos outros. Apenas onde existe essa distinção, pode aparecer um relacionamento. Ainda que normalmente exista essa distinção, ela é, contudo, normalmente cheia de lacunas, podendo talvez permanecer inconscientes regiões muito amplas da vida psíquica.

Mas esse "outro fora" já existia como possibilidade arquetípica dentro, e, que agora, pela experiência do mundo, se faz, se atualiza. Nos mitos de criação sempre há o momento em que ocorre a separação entre o dentro e o fora, o em cima e o embaixo, céu e terra, noite e dia. Cria-se espaço, ar, adquire-se forma, contorno, materialidade, corpo.

A saída da fusão ou simbiose necessita da separação entre eu/outro. Quando se está fusionado, não há identidade própria, os contornos são imprecisos, esmaecidos, já que, em geral, estão misturados, e não só os contornos, as próprias identidades estão misturadas. Quantas relações (e ouso dizer, um número imenso) lutam tenazmente contra a saída da simbiose, ou *participation mystique,* já que sair desta, representa uma ameaça insuportável para sua estabilidade e acomodação.

Poder ver o outro como um outro e não como parte minha é sempre o mais difícil exercício de alteridade. Jung (2013) explicita isso ao afirmar que não existe relacionamento psíquico entre duas pessoas se ambos se encontrarem inconscientes. Mesmo que seja uma inconsciência parcial, e aí reside uma diferença de grau (não mensurável, evidentemente) é o que vemos na maior parte dos relacionamentos amorosos.

Jung (2005) diz que precisamos sair do relacionamento conjugal coletivo (ou seja, inconsciente, simbiótico, ditado pelos instintos, projeções e padrões coletivos) para um relacionamento individual e alerta que justamente a própria relação representa um obstáculo: a força da *participation mystique* é maior do que a necessidade de individualidade. É mais tentador e mais fácil ficar "grudado" no outro do que nos diferenciarmos. No entanto, diz Jung (2005, p.45): "Quando se é idêntico, não há possibilidade de relacionamento; este só é possível quando há separação". Na alquimia, a *separatio* precede a *coniunctio:* é necessário ser individuo separado com um ego firme e estruturado na individualidade para poder unir os opostos na psique.

Uma mulher na terceira idade, em análise há alguns anos, sonha com um casal que conhece e de quem gosta. Eles estão comendo e sentados a uma mesa de madeira muito grande. A sonhadora está sentada à frente deles. Um diz para o outro: "Eu falei, você escutou, agora você fala e eu escuto". No sonho, ela acha interessante e pensa que é uma espécie de exercício que eles estão fazendo. Ela certamente foi presenteada com essa imagem de alteridade; o exercício da arte da escuta, da presença e da abertura à subjetividade do outro. Nesse dinamismo, cada pessoa pode "ser" em sua singularidade, ela não está ali para atender às minhas necessidades: eu a ouço verdadeiramente e também sou ouvido.

Na ausência de Eros

Muitas vezes "o outro", que se traduz na própria diferenciação, se impõe na dolorosa experiência da traição – uma exigência da individuação, como diria Carotenuto (2004, p.127):

> Na verdade não há nascimento psicológico individual sem a experiência da traição. Não crescer através da experiência da traição significa nunca ter acesso ao mistério da vida, ficando confinado de modo completamente inconsciente na procura repetida de um outro com o qual fundir-se e renunciando ao peso e às responsabilidades que a unicidade e a separação próprias comportam inexoravelmente. (...) O pacto de amor foi violado, e, com ele, a garantia implícita de dependência recíproca, que assegurava sua solidez.

Um árduo caminho se apresenta para aquele que foi traído ou abandonado. Uma bonita jovem está há tempos lidando com o fim do namoro: o príncipe encantado que a habita se recusa a desgarrar-se da figura do ex e a deixa vagando por entre baladas e espiadas no Facebook dele. Como prosseguir na ausência desse "outro fora"?

Estamos aqui no território da paixão, quando o outro representa uma promessa de completude, de volta para casa, de encontro da alma gêmea, de reencontro do paraíso perdido, de preencher aquele vazio inicial e de cura da ferida da primeira separação da existência que é o nosso nascimento. Somos encantados, seduzidos pelo outro – flechados por Eros, inebriados pela poção mágica do amor. Lembremos que ao sermos flechados, somos também "feridos" – algo nosso já está no outro, enganchado no outro (pela projeção) que se torna o hospedeiro de nossos conteúdos internos. Lembro de uma frase que costumo citar, embora desconheça a autoria: "na paixão, pintamos o outro de dourado, mas as tintas e os pinceis são nossos".

Sim, é claro, falamos de projeção do outro interior, damos os nomes de anima ou animus, os nossos parceiros invisíveis, como diz Sanford (1987), mas será que se pode reduzir esse outro fora, tão real, tangível, corporificado, desejado e único, vale frisar, *especialmente único*, à ideia de uma simples projeção? Novamente Carotenuto nos esclarece e, de certa forma, apazigua:

> **O outro existe, 'e como'**, e não se pode dispensá-lo. Os conteúdos daquela promessa são meus e não poderiam deixar de sê-lo; mas **o outro é o seu evocador, único e insubstituível** e, a partir deste momento, se torna o fiador (CAROTENUTO, 1994, p.64-65) (grifo meu).

O que ainda está lá, no outro, que eu não posso e não consigo prescindir? Que eu preciso ter perto para talvez encontrar um pálido eco de algo que não tenho acesso dentro (já que, no fundo, trata-se de uma projeção)?

Os temas do abandono, solidão e individuação se entrelaçam. Muitas vezes é justamente quando somos abandonados pelo outro, com toda a dor que isso possa trazer, que temos a oportunidade de revelação da nossa individualidade, que podemos conhecer quem somos verdadeiramente, em que é possível um olhar para dentro, mesmo que ainda encontremos só escuridão e um espaço vazio, desolado.

Almejamos, ansiamos por uma nova visita de Eros que se foi voando pela janela do palácio encantado. Como Psiquê, inicia-se nossa busca e, parecendo zumbis, cumprimos nossas tarefas já que o outro fora nos deixou e com isso perdemos a conexão com o outro dentro, com o Self. Lyn Cowan (2007, p. 189) considera Eros a imagem principal do processo de individuação: "Prefiro colocar Eros no centro do processo de individuação, no lugar do que Jung chama de Self". Cowan nos fala como esse ir e vir de Eros afeta nossa individuação, pois mesmo em sua ausência, o movimento da psique não cessa, apenas desacelera. E que a memória de sua presença traz a possibilidade de seu retorno.

O abandono muitas vezes já acontecia pelo abandono de partes minhas, daquele "outro dentro" que era quem me conectava com a energia de Eros, que trazia seu brilho e calor. Entramos no piloto automático, a vida fica sem cor, há desanimo para tudo, não há "entusiasmo", ou seja, *enthusiasmós,* que significa "ter o deus dentro de si" (BRANDÃO, 1987), o que está associado também a outra divindade, Dioniso, o deus do êxtase e da transformação. Sem Eros e podemos talvez dizer, sem Dioniso também.

Uma outra mulher se sente muito deprimida, se queixa de não suportar mais o marido; quer, mas não tem coragem de se separar. Na sessão, consigo ouvir o grito silencioso que vem do fundo, um pedido de socorro; no entanto, atravessando seu desespero, encontro aquele lampejo, o brilho no olhar que revela: aqui há vida, aqui dentro há uma outra mulher, uma alma que pulsa. Eros quer retornar. Ou será Dioniso também? Artista, aos poucos, ela retoma sua arte. Num trocadilho simplista: o ânimo (animus) volta.

Ainda no âmbito do relacionamento do casal, além do envolvimento com outra pessoa, que caracteriza em geral a traição, algumas vezes um lado oculto de um dos parceiros se revela. Uma mulher, casada há muitos anos, descobre toda uma vida homossexual paralela de seu marido, o que se torna um convite indesejado, quase uma intimação, para sua individuação e a traz para a análise. Nem todas as pessoas atendem a esse convite, a esse chamado, para muitas é mais fácil deixar o parceiro com o peso de ser o grande vilão. Mas a partir da revelação do segredo, para essa mulher, a relação é posta em cheque, sua vida é posta em cheque. Quem era esse outro que estava a seu lado e que ela não sabia, ou talvez, preferia não ver? O que essa situação diz dela própria? É o que ela se pergunta agora.

Com certa frequência ouvimos na clínica: "ele (ela) não é mais a pessoa com quem me casei", "não a (o) reconheço mais", "ela (ele) é outra pessoa". Lentamente começa a transformação da princesa em bruxa, do príncipe em sapo. O desgaste e a retirada das projeções, revelam a diversidade do outro, o outro está lá, fora de mim, não é uma extensão do meu eu. Isto pode ser vivenciado como uma decepção e traição já que o outro fora "descumpriu" sua promessa de felicidade e paraíso, como Hollis (2002) descreve em "O projeto Éden – a busca do Outro mágico". Ou pode-se ter a coragem de assumir a responsabilidade pela própria vida, encarando o "outro dentro de mim" e criativamente experimentar a descoberta desse outro fora que agora se apresenta em sua alteridade e então, amá-lo.

O outro sombrio

O outro fora também pode intimidar, gerando ansiedade ou até certa paralisia porque ele é o reflexo de um outro dentro opressor e crítico. Com frequência observei essa situação em mulheres, (embora esse aspecto opressor não tenha exclusividade de gênero) configurando um personagem interno que nós junguianos denominamos de animus negativo, um verdadeiro déspota julgador. Quando ele passeia pelas relações, aponta o dedo ou saca da espada, voam faíscas. Quando surge alguma situação desafiadora, ele pode atacar internamente, originando sentimentos de fragilidade e impotência. Especialmente dotado de palavras e pensamentos negativos, costuma se misturar e confundir com o eu, atuando como uma possessão - a pessoa não percebe que é uma outra voz que fala dentro de si. Na clínica costumo pedir que o paciente faça uma lista dessas frases que o atormentam e tente nomear e/ou conversar com esse personagem, um primeiro passo para a discriminação desse outro dentro que a persegue e atormenta.

Nas relações ele pode se encarnar facilmente em figuras que são potencialmente destrutivas e abusadoras, que oferecem um bom gancho para a projeção. É o que vemos em muitos casamentos, em maior ou menor medida, que apresentam desde padrões doentios de pequenas disputas de poder até casos de violência física ou psicológica.

Eros não sobrevive nos locais onde impera essa figura; é preciso invocá-lo fortemente, pois é o antidoto mais eficaz para silenciar essa voz dura e muitas vezes cruel. No entanto, infelizmente, muitas vezes a contaminação por esse lado sombrio está tão entranhada que é praticamente impossível abrir a porta para Eros. Como disse Jung (2005): "Ali onde predomina o amor não há vontade de poder, e onde há predominância do poder, não há amor. Um é a sombra do outro".

Também vemos nas dinâmicas familiares ou grupais como o papel do bode expiatório carrega o "outro" sombrio para aquele grupo. É mais fácil e indolor expurgar um membro do que olhar para si próprio; aparentemente é mais simples (embora seu alto custo para a individuação) excluir a possibilidade de encarar o outro dentro, que desconheço e não aceito a priori, afastando-o para bem longe, lá fora, no outro, que se torna seu portador. Sabemos as consequências patológicas desses funcionamentos. Não é o objetivo aqui adentrar o tema do bode expiatório, apenas apontar que nessas dinâmicas sombrias é impossível não concordar com Sartre, pelo menos em parte, quando diz que "o inferno são os outros".

Mas também são o paraíso, como escreve Walter Hugo em Mãe (2014, p. 20): "O inferno não são os outros, pequena Halla. Eles são o paraíso, porque um homem sozinho é apenas um animal. A humanidade começa nos que te rodeiam, e não exatamente em ti". É o paraíso que buscamos quando nos apaixonamos, quando somos iluminados pelo brilho da experiência amorosa, ao sermos visitados por Eros: "Quando o Eros interno encontra-se com o Eros externo, voam faíscas, somos despertados, revigorados, galvanizados" (COWAN, 2007, p.193). E mesmo que seja uma ilusão, e que saibamos de sua fugacidade, uma vez que o vislumbramos, não cessamos de ir em sua direção. Buscamos o outro fora, para encontrarmos o outro dentro.

Inferno e paraíso, dentro e fora, eu e o outro e a individuação

É nesse jogo incessante entre o outro dentro e o outro fora, entre a presença e a ausência de Eros, entre união e separação, das alturas do paraíso às profundidades abissais do inferno, que a individuação se faz. Jung (1987 §448) explica que o processo de individuação possui dois aspectos principais: é um processo interior, subjetivo e de integração, mas também é um processo objetivo de relação com o outro. Os dois aspectos se alternam e são indispensáveis. O outro dentro, o eu da nossa interioridade com toda sua multiplicidade de personagens e o outro fora, o não eu, das relações que temos com as pessoas, especialmente as mais intimas, constituem as duas faces do processo de individuação. Não podemos nos furtar de vivê-las, pois invariavelmente implicam alguma dose de coragem, sacrifício e sofrimento, sob pena de uma estagnação ou de uma traição de si mesmo e do próprio sentido de nossas vidas.

As palavras de Clarice Lispector (2004, p.43) traduzem poeticamente esse processo:

> Eu antes tinha querido ser os outros para conhecer o que não era eu. Entendi então que eu já tinha sido os outros e isso era fácil. Minha experiência maior seria ser o âmago dos outros: e o âmago dos outros era eu.

Referências bibliográficas

BRANDÃO, J.de S. *Mitologia Grega.* Vol. 2. Petrópolis: Vozes, 1987.

CAROTENUTO, A. *Amar, trair:* quase uma apologia da traição. São Paulo: Paulus, 2004.

_______________ *Eros e Pathos*: amor e sofrimento. São Paulo: Paulus, 1994.

COWAN, L. Quando Eros parte. In: SALLES, C.A. C; MELLO, J. M.F.C. (Orgs.) *Sexualidade e individuação.* São Paulo: Vetor, 2007. p. 169-184

HOLLIS, J. *O projeto Éden:* a busca do Outro mágico. São Paulo: Paulus, 2002.

JUNG, C.G. *Ab-reação, análise dos sonhos, transferência* (O.C.) Vol. 14/2 Petrópolis: Vozes, 1987.

__________ *O desenvolvimento da personalidade* (O.C.) Vol. 17. Petrópolis: Vozes, 2013.

___________ *Sobre o amor.* Seleção e edição de Marianne Shiess. Aparecida, SP: Ideias e Letras, 2005.

LISPECTOR, C. *Aprendendo a viver.* Rio de janeiro: Rocco, 2004.

MÃE, V. H. *O paraíso são os outros.* São Paulo: Cosac Naify, 2014.

SANFORD, J. A. *Os parceiros invisíveis*: o masculino e o feminino dentro de cada um de nós. São Paulo: Paulinas, 1987.

Capítulo 13

CASAMENTO: A FALÁCIA DAS ALMAS GÊMEAS

Patrícia Eugênio

Segundo dados do IBGE apenas em 2016 mais de 1 milhão de pessoas se casaram no Brasil. Apresentaram-se frente aos amigos, aos parentes, talvez de algum sacerdote e juraram serem felizes para sempre e não fazerem sexo com outras pessoas, nunca mais.

São casais lindos e sorridentes que parecem estar inaugurando a instituição casamento, estão imersos nesta experiência milenar e firmes de que passarão impunes pela paternidade, o ganho de peso, roncos, doenças, amigos bêbados, sogras intrusas, cunhados chatos, abalos financeiros. ainda que as estatísticas mostrem: 50% deles estarão separados em uma década. Os casais, nas suas juras de amor, são levados pela fantasia de completude do amor eterno, da alma gêmea.

Mas se assim não fosse, os casamentos já teriam fechado suas portas há muitos anos.

Einstein dizia que insanidade é continuar fazendo a mesma coisa esperando resultados diferentes. Essa me parece uma boa definição de casamento. Mas Samuel Beckett foi mais tolerante com nossas insistências, quando disse: Tente de novo, falhe de novo, falhe melhor.

E o que nos diz a psicologia analítica? Que a repetição é necessária. A alma volta sempre às suas mesmas feridas, insiste nos símbolos, nas emoções, porque está em busca de novos significados. Repetimos para aprender. E se o casamento persiste é porque há algo que a humanidade ainda não aprendeu.

A história

Desde tempos imemoriais o casamento existe como arranjo conjugal, casamentos por amor eram raros, apaixonamentos não desembocavam na igreja e sim nas tragédias, Romeu e Julieta é apenas uma amostra do que poderia acontecer aos apaixonados. Até o século XVIII o casamento era um negócio de troca. As mulheres eram compradas e vendidas, uma espécie de feira de gado. O que movia a união entre um homem e uma mulher era o dinheiro, uma forma de unir o útil ao agradável; o casamento tinha então uma intenção coletiva, o que motivava seu acontecimento nada tinha a ver com desejos e exigências individuais.

A questão é que o romantismo fez a negociação comercial passar para uma empreitada amorosa. Provavelmente a era moderna se fartou dos casamentos com "bons motivos", cansou das exigências burocráticas. Em nome do arrebatamento apaixonado, o desejo individual se sobrepôs ao legado de uma demanda coletiva. Trocamos séculos de excessivo "bom senso" pelo prestígio do desejo. Assim o casamento não começa mais na troca e vantagens comerciais, ele começa muito antes na ideia de amor, começa nas fantasias que sustentam o desejo de união.

A ideologia do romantismo foi também absorvida pela ideia cristã: "só pode haver sexo quando houver amor", desta forma no pacote casamento está no topo da lista a expressão suprema, irrevogável do comprometimento emocional e da virtude: a monogamia.

A monogamia não propõe apenas a fidelidade sexual, ela se apoia na fantasia de completude, serei tudo pra ele e ele pra mim. A fidelidade do desejo sexual é confundida com a fidelidade do desejo por todas as outras coisas da vida. A ânsia pela plenitude parece ser o primeiro tiro no pé da ordem monogâmica.

> "A fé romântica sempre deve ter existido, mas apenas nos últimos séculos vem sendo abordada para além de uma doença; só recentemente a busca por uma alma gêmea pôde alcançar o status de algo próximo ao objetivo de vida. Um idealismo que antes se voltava para deuses e espíritos foi redirecionado para figuras humanas - um gesto ostensivamente generoso, mas carregado de consequências hostis e instáveis." (Alain De Botton)

O casamento não deveria ser a única forma de expressão de amor. Fica pesado demais.

A concentração deste afeto num só ponto é doentio e desesperador. É aqui que questiono a cultura da alma gêmea porque é isto que ela propaga, um encontro onde não cabe o mundo.

Uma relação que se propõe a deixar o mundo de fora, está fadada ao insucesso.

Acreditar que um só indivíduo complete a totalidade das nossas aspirações e seja dispensado se não cumprir essa missão é uma forma precária e egoísta de estar no casamento.

Num recanto secreto da nossa mente imaginamos o ser amado, como alguém capaz de prever nossas necessidades, ler nosso coração, movimentando-se para nós e por nós na intenção heroica de transformar nossas vidas em algo melhor. Parece romântico, mas é uma receita certa de desastre.

Quanto mais meu parceiro deixa de ocupar uma posição de alteridade na minha vida, mais próximos da simbiose estamos.

O parceiro realmente mais adequado não é alguém que por um milagre compartilha o mesmo gosto, mas o que é capaz de negociar as diferenças com inteligência e elegância. Em vez de alguma ideia fantástica de completude perfeita, o verdadeiro indicador da pessoa certa é a capacidade de tolerar a dessemelhança. A compatibilidade é uma conquista do amor; não sua condição.

Assim, a metade da laranja, a alma gêmea, a cara metade não está apenas em um lugar, está dividida em muitas peças, feito um quebra-cabeça, cabe a cada um de nós encontrar amor nos diversos pedaços que estão espalhados pela vida. Não se trata unicamente do poliamor erótico, de parceiros variados, pode ser isso também, trata-se de encontrar amor no mundo; amor pelo trabalho, amigos, livros, filmes, sabores, viagens, filhos, parceiros. Encontrar amor no mundo é deixar com que sua alma seja afetada em toda sua multiplicidade.

Outro dia, uma amigo me falou a frase:

"*Happy wife, happy life*". Esta frase não fala do querer bem do outro, a felicidade da minha esposa me torna feliz, esta frase diz "pago qualquer coisa para ela não me encher o saco". Esposas enchem o saco com o passar do tempo, maridos servem para colocar o lixo pra fora, como diz outra amiga. Esta força destrutiva autêntica e inegável apaga e devora tudo que deveria ser amor. Privados da liberdade em ser, desejos são restringidos, passos são encurtados.

Perdemos a máxima de que quanto mais interesse temos mais interessante nos tornamos.

Empreitada Heroica

Permitimos que nossas histórias de amor acabem cedo demais. Sabemos muito sobre como começa o amor e quase nada acerca de como ele pode durar.

Os casais de hoje não morrem por egoísmo, morrem por um heroísmo fatal, uma ideia ampla demais de si mesmos. As costas do amor não são tão largas assim.

Esta visão grandiosa dos casais é sua ruína, buscam no amor uma forma laica de Salvação. E o que conseguem é um casamento manco e débil, porque ali não é lugar de performance, de cumprimento de metas.

Um casamento duradouro acaba sendo debilitado pelo silêncio, ficamos imaginando que as coisas estão muito piores para nós do que para outros casais. A questão não é estar infeliz, mas sim acreditar que as brigas são sinais de algum erro inusitado, e não a prova de que o casamento basicamente corre de acordo com os planos.

Como podemos ver, a questão não está nas pessoas envolvidas, não há o porquê de criticá-los individualmente, são regras antiquíssimas, ideais consagrados, leis irrevogáveis que devem ser criticadas, revistas, repensadas.

Estamos frente a um cenário de performance, cada mulher se sente obrigada a ser ao mesmo tempo a profissional do ano, mãe, amiga, sexualmente ardente e ter atitude. Ao homem cabe ser pai, provedor, amante, marido e ter *hobbies*. Incompetentes são considerados os que não preenchem essas condições.

Estamos em tempos tóxicos, de ambições desmedidas.

A vida do casal tornou-se mais difícil a partir do momento onde o único medidor de sucesso passou a ser a satisfação plena. O casal teme a aridez das horas mortas, a queda de tensão.

O distanciamento do frenesi é vivenciado como derrota, o descumprimento de uma promessa.

A palavra de ordem do mundo que só quer saber da ardência dos inícios aconselha os casais a apaixonaram-se sempre: reconquiste seu parceiro, sua parceira. Isso é querer apagar incêndio com gasolina. A soberania da paixão ameaça o laço da relação.

O beijo da morte do casamento são as comédias românticas, as novelas, as redes sociais, que promovem a inevitável comparação com a vida real. Os modelos pelos quais nos comparamos estão equivocados. A culpa é também da arte, e não da vida.

Precisamos criar nosso próprio enredo.

Precisamos de um mundo real entre a instituição opressora que reduz as pessoas à funções em um mundo da fantasia onde nada há para nos apoiar além de personagens vazios.

Precisamos fracassar nos ideais coletivos do amor para finalmente aprender a amar.

A esfera doméstica tornou-se um campo de batalha entre os ideais do amor e o dia-a-dia da vida que se vive. Jung faz uma comparação do casamento a um recinto com um telhado em cima, e considera desafortunados aqueles que acham que existe telhado sem goteira "ele é só um buraco qualquer com um telhado por cima, que oferece uma relativa segurança", arremata.

O casamento traz grandes realizações, mas por ser algo complexo também traz muitas frustrações. Na cerimônia a morte e a velhice são convocadas, a doença e a pobreza também, o sacramento contempla nossos aspectos mais sombrios. Onde há bênçãos, há maldições.

Palco de projeções

Existe uma fala engraçadinha usada quando alguém é agressivo: "Por que você me odeia? Nós nem dormimos juntos". Essa fala carrega sua verdade. O casamento se oferece como palco de nossas projeções, e me parece este ser o grande desafio: manter o casamento livre de projeções, eis uma tarefa bem mais fundamental do que manter acesa a chama da paixão.

O mundo perturba, decepciona, frustra e magoa de incontáveis maneiras. O parceiro se apresenta como o melhor alvo para endereçarmos o catálogo de nossas queixas, um espaço íntimo onde depositamos as imperfeições do mundo. É preciso haver um culpado.

Guardamos as melhores louças para as visitas e os pratos lascados damos àqueles a quem mais amamos apoiados pela lógica do amor incondicional. Esta prova especial de intimidade e confiança como sintoma próprio do amor, parece mais uma forma perversa de seu comprometimento. Se por um lado somos capazes de dizer algo sensível e gentil a qualquer estranho, apenas para o ser amado em quem confiamos de todo coração é que temos coragem de ser extravagantes e irracionais sem restrições. O entendimento incondicional de nossas partes obscuras. Herbert Viana diz: "cuide bem do seu amor, seja quem for".

> "Sob esse aspecto, os casamentos nos dão exemplos instrutivos do quanto percebemos o cisco no olho do outro e não vemos a viga de madeira em nosso próprio olho. O 'não-querer-ver'

e a projeção dos próprios erros estão no início da maioria das brigas e são a mais forte garantia de que a injustiça, a hostilidade, a perseguição não morrerão tão cedo. Ao nos mantermos inconscientes sobre nós mesmos, também não vemos nossos próprios conflitos"

(Jung OC 18/2 par 1803s.)

Jung nos mostra que não há bandidos e mocinhos, embora na maioria dos casais pareça fácil apontar o bem e mal. É comum vermos um dos parceiros convencido de que é perfeito enquanto o outro fica atolado até o pescoço pelos complexos reprimidos, chegando quase a sufocar. A vida nos mostra que a pessoa com maior probabilidade de nos destruir é exatamente aquela com quem nos casamos.

Individuação

Em *O casamento está morto, viva o casamento!* Guggenbühl fala que o casamento pode ser uma forma de individuação, mas não uma condição. Segundo este autor, ter um encontro amoroso que realmente leve à individuação não é pra todo mundo, apenas para poucos afortunados.

Individuar-se é produzir diferenças e não ser patrocinado pela persona que nos aprisiona nos ideais coletivos. É libertar a individualidade da psique coletiva. O casamento corre para o mar, por isso é preciso muita atenção e cuidado para se fazer rio, evitando um contrato de afetos e um estatuto do melhor agir. Ao nos unirmos legalmente passamos a usar o mesmo sobrenome, somos o casal tal, depois somos a família tal, todos com mesmo sobrenome. Ou seja, se não pensarmos, o casamento nos arrasta para o aniquilamento das diferenças, mas se estivermos atentos estaremos no caminho para individuarmos. *Opus contra natura.*

> "A relação conjugal pode ser uma via de individuação. Os desafios apresentados pela convivência com o parceiro e a necessidade de harmonização e convivência societária com o outro promovem a individuação, na medida em que nos forçam a trilhar o caminho que não escolheríamos voluntariamente, mas que se impõe a nós pela escolha de nosso cônjuge.
>
> Se há algum segredo nesse ambicioso projeto, talvez seja haver espaço, dentro do casamento, para crescer junto e separado, nutrir seu processo respeitando o espaço conjunto e também sua própria privacidade e vida interior. Os casais que conseguem fazer isso talvez sejam abençoados com o milagre das bodas de Canaã: transformar água em vinho e, assim, brindar, celebrar e nutrir-se."
>
> (Renata Ferraz)

Só nos opostos a vida aparece em toda sua plenitude, a tensão dos opostos favorece a continuidade do movimento, o fluxo da energia, os desejos pulsantes.

Não há conscientização sem dores, nem individuação. O que nos individua no casamento é também nos depararmos com o horror e o desmoronamento do outro mostrando empatia e capacidade de perdão, um dividendo da gratidão pela pessoa amada, a capacidade de perceber a nossa própria psique confusa e perturbada.

Caso contrário, talvez fique parecendo que não estamos lidando realmente com amor, mas com uma espécie de posse mesquinha e hipócrita, um desejo de fazer o parceiro feliz se essa felicidade envolver apenas a nós mesmos.

O SONHO
Felix Pollak

Ele sonhou com
uma janela aberta.
Uma vagina, disse
seu psiquiatra.
Seu divórcio, disse
sua amante.
Suicídio, disse
umas voz sinistra dentro dele.
Significa que você precisa fechar a janela
ou vai pegar um resfriado, disse
sua mãe.
Sua esposa nada disse.
Ele não ousou contar a ela
tal
perigoso sonho.

Na fantasia do sonhador a esposa não veria com bons olhos as tais janelas. Não deveriam as janelas continuarem abertas no casamento? Sem o pavor de que o outro por ela voe? Uma janela aberta pode sugerir mais que abandono, ela pode afirmar o lugar de escolha, estou aqui não pela impossibilidade de sair, portas e janelas trancadas, escolho estar aqui justamente porque posso voar.

O paradoxo do casamento é que suas lições só são transmitidas aos que se matriculam em seu curso é normal que a aptidão se siga à cerimônia, e não a anteceda. Quem sabe em uma década ou duas estejamos prontos para o casamento, talvez por isso as segundas tentativas sejam mais duradouras. Embora Samuel Johnson tenha falado que o segundo casamento é o triunfo da esperança sobre a experiência.

Jung, não desvendou a questão do amor:

"Em quatro décadas como médico, e olhando minha própria vida não me sinto capaz de dar uma resposta válida sobre o amor".

Em sua vida junto a Toni e Emma, Jung nos mostra como parte de seu processo de individuação se deu através do relacionamento com suas mulheres. Ele não viveu UM amor, pois bem sabia, ou quem sabe intuía: o artigo que antecede este nobre sentimento não é singular e sim plural.

Os Amores.

Referências Bibliográficas

BOTTON, A. de. (2017) *O curso do amor*. Rio de Janeiro: Intrínseca.

BRUCKNER, P. (2013). *Fracassou o casamento por amor*. Rio de Janeiro: DIFEL.

GUGGENBÜHL-CRAIG, A. (1986). *O Casamento está morto viva o casamento!* São Paulo: Paulus.

HILLMAN, J. (2016) *Hera: Deusa do Casamento*. Trad. Daniel Françoli Yago. São Paulo.

JUNG, C.G. (2005). *Sobre o amor*. Aparecida: Ideias&Letras.

SOBRE OS AUTORES

Candido Pinto Vallada

Médico e psiquiatra pela Escola Paulista de Medicina-EPM/UNIFESP. Pós-graduado em Administração Hospitalar e Sistemas de Saúde FGV/HC-USP. Analista junguiano pela SBPA. Membro da International Association for Analytical Psychology-IAAP (Zurich). Membro fudador da Associação Junguiana do Brasil/AJB e do Instituto Junguiano de São Paulo-IJUSP. Coord. do Núcleo de Estudos em Religião e Espiritualidade-NERE/IJUSP, Co-editor da SELF – Revista do IJUSP, ex-diretor da AJB e do IJUSP.

Email: cvallada@uol.com.br

Carmen Livia G. Parise

Psicóloga Clínica pela PUCSP, Analista membro do IJUSP, AJB et IAAP (Zurich).

E-mail: carmenlivia@hotmail.com

Denis Canal Mendes

Psicólogo, Analista membro do IJUSP, AJB et IAAP (Zurich); Especialista em Saúde Mental, Acompanhante

Terapêutico (1996-2015), Mestrando em Psicologia Clínica-PUCSP; Prof. nos Cursos de Pós-Graduação em Psicoterapia Junguiana-UNIP e de Psicologia Analítica-UNIFENAS. Autor do livro: "*O Psicopompo e a Clínica Ampliada*": Dobra (2018) e co-autor nos livros: "*Sonhos na Psicologia Junguiana*": Paulus (2014); "*Ideias e Afetos: A Clínica dos Complexos*": Sattva (2018) e "*Etapas da Família – Quando a Tela nos Espelha*": Appris (2017).

E-mail:dcmpsijunguian@gmail.com

Elizabeth Yuko Haga

Psicóloga clínica de orientação junguiana, Mestre em Psicologia Clínica no Núcleo de Estudos Junguianos-PUCSP, Especialista em Abordagem Junguiana: Leitura da Realidade e Metodologia de Trabalho COGEAE/PUCSP e Pesquisadora, interessada em estudos sobre imigração, interculturalidade e seus desdobramentos

E-mail:beth.haga61@gmail.com

Irene Gaeta

Psicóloga, Doutora em Psicologia Clínica pela PUCSP. Mestre em Gerontologia pela PUCSP. Analista didata do IJUSP/AJB; filiada à International Association Analytical Psychology/IAAP (Zurich). Profa. do curso de Psicologia da Fac. de Ciências Humanas da PUCSP. Coord. da Pós-Graduação em Psicologia Analítica, Psicoterapia Junguiana,

Psicogerontologia e Terapias Corporais e Artísticas em Psicologia Analítica da UNIP-SP. Coord. do NAPA/IJUSP e do Depto. Arte e Psicologia da AJB. Autora dos livros: "*Memória corporal o simbolismo do corpo na Trajetória da vida*" e "*Psicoterapia Junguiana: Novos caminhos na clínica o uso do desenho de mandalas e calatonia*".

E-mail: estudosjunguianos.irenegaeta@gmail.com

Luciana Ximenez

Psicóloga clínica, Especialista e Mestre em estudos junguianos, candidata a membro analista pelo IJUSP, AJB e IAAP.

E-mail: luximenez72@gmail.com

Marilene Rodrigues Fernandes

Mestre em Psicologia Clínica pela Universidad Adolfo Ibañez – Chile; Analista membro da International Association for Analytical Psychology/IAAP; Sócia fundadora da Sociedade Chilena de Psicologia Analítica-SCPA/IAAP; Especialista em Cinesiologia Psicológica - Instituto Sedes Sapientae; Profa. docente no Mestrado Clínico Junguiano da Universidad Mayor – Chile; Profa. docente e supervisora clínica no curso de Especialização em Psicoterapia Junguiana da Opus Psicologia e Educação – Brasil; Psicóloga clínica desde 1988.

E-mail: marilene.rodriguesfernandes@gmail.com

Paola Vieitas Vergueiro

Psicóloga, especializou-se e doutorou-se em Psicologia Analítica pela PUCSP (1989/2002/2011). Mestrado em Distúrbios do Desenvolvimento pelo Instituto Presbiteriano Mackenzie (1999), Especialista em Arteterapia pela AATESP (2011). Atualmente é Professora adjunta, proponente de extensões e Coordenadora da Liga Junguiana do Centro Universitário São Camilo. Leciona em pós-graduações, é psicoterapeuta, supervisora e orientadora. Finaliza sua formação como analista junguiana no IJUSP/AJB. Tem como foco principal de pesquisa a relação entre a Psicologia Analítica, a ciência e a cultura atuais.

E-mail: paola.vv@hotmail.com

Patrícia Eugênio

Psicóloga formada pela FMU; Especialista em Psicodinâmica de adultos, pelo Sedes Sapientiae e Analista membro do IJUSP/AJB filiada à International Association for Analytical Psychology/IAAP, mestranda em Ciências da Religião pela PUCSP.

E-mail: pateugenio@uol.com.br

Paula Perrone

Psicóloga, licenciada em História, Mestre e Doutora pelo Instituto de Psicologia da USP, analista junguiana, membro didata do IJUSP, da Associação Junguiana do Brasil/ AJB e membro da Associação Internacional de Psicologia

Analítica/IAAP. Docente do Curso de Especialização em Psicologia Analítica da Unicamp, é palestrante, autora de artigos, autora do livro "*Existências fascinadas: individuação e história de vida*": Annablume/FAPESP, 2003, organizadora e co-autora do livro "*Ideias e afetos: a clínica dos complexos*": SATTVA, 2018.

E-mail: paulaperrone1@gmail.com

Priscilla Tessini

Psicóloga Clínica PUCSP, candidata a membro analista pelo Instituto Junguiano de São Paulo (IJUSP),Terapeuta de Sandplay pelo Instituto Brasileiro de *Sandplay*, filiada `a ISST (International society of *Sandplay Therapy)*. Curso profissionalizante de ator (Teatro Escola Célia Helena). Graduada em Educação Física pela USP.

Atende em consultório particular crianças, adolescentes, adultos e orientação de pais.

E-mail: priscilla_tessicini@yahoo.com.br

Santina Rodrigues de Oliveira

Psicóloga clínica e arteterapeuta. Professora universitária e supervisora clínica. Doutoranda pelo Instituto de Psicologia IPUSP/USP. Pesquisadora dos temas: arteterapia, processos grupais, suicídio e processos de desenvolvimento da personalidade.

E-mail: santina.rodrigues.oliveira@gmail.com

Silvana Parisi

Psicoterapeuta junguiana formada pela PUCSP. Candidata a membro analista no Instituto Junguiano de São Paulo/IJUSP, filiado à Associação Junguiana do Brasil/AJB e à International Association for Analytical Psychology/IAAP. Doutora em psicologia pelo Instituto de Psicologia da IPUSP/USP. Coord. de curso de expansão no Sedes Sapientiae e professora e supervisora no curso de pós-graduação latu sensu Psicoterapia Junguiana da Universidade Paulista – UNIP. Autora de artigos e do livro: "*Amor e Separação: reencontro com a alma feminina*" Ed. Vetor, 2012.

E-mail: silparisi@gmail.com

SATTVA EDITORA

contato@sattvaeditora.com.br
www.sattvaeditora.com.br

COLEÇÃO SIMPÓSIOS IJUSP
VOLUME II

DIVERSIDADE:
O OUTRO EM MIM

SATTVA EDITORA

contato@sattvaeditora.com.br
www.sattvaeditora.com.br

Editora: **Vivian Lerner**

Projeto gráfico, diagramação e capa: **Luiz Zonzini**

Revisão: **Olenka Franco**

Diversidade: O Outro em Mim

IJUSP
Diretor presidente: Ricardo Pires de Souza
Diretor financeiro: David Butler
Diretora de ensino: Zilda de Paula Machado
Diretora administrativa e de comunicação: Márua Pacce

Dados Internacionais de Catalogação na Publicação (CIP)
Agência Brasileira do ISBN - Bibliotecária Priscila Pena Machado CRB-7/6971

D618 Diversidade : o outro em mim / orgs. Denis Canal Mendes e Patrícia Eugênio. — São Paulo : Sattva, 2019.
232 p. ; 21 cm. — (Coleção Simpósios IJUSP ; v. 2)

Inclui bibliografia.
ISBN 978-85-67977-37-9

1. Psicanálise. 2. Psicologia existencial. I. Mendes, Denis Canal. II. Eugênio, Patrícia. III. Título. IV. Série.

CDD 150.192